长征 初心 使命

——访谒长征路，诗意话初心

贾作璋 著

Changzheng Chuxin Shiming

Fangye Changzhenglu Shiyi Huachuxin

中国矿业大学出版社
·徐州·

图书在版编目(CIP)数据

长征 初心 使命：访谒长征路，诗意话初心 / 贾作璋著. —徐州：中国矿业大学出版社，2019.12

ISBN 978-7-5646-3846-7

Ⅰ. ①长… Ⅱ. ①贾… Ⅲ. ①中国工农红军长征—文集 Ⅳ. ①K264.407—53

中国版本图书馆 CIP 数据核字(2017)第 323846 号

书　　名 长征 初心 使命——访谒长征路，诗意话初心

著　　者 贾作璋

责任编辑 姜　华

出版发行 中国矿业大学出版社有限责任公司

（江苏省徐州市解放南路　邮编 221008）

营销热线 (0516)83885307　83884995

出版服务 (0516)83885767　83884920

网　　址 http://www.cumtp.com　**E-mail**：cumtpvip@cumtp.com

印　　刷 江苏凤凰数码印务有限公司

开　　本 787 mm×1092 mm　1/16　**印张** 9.5　**字数** 175 千字

版次印次 2019 年 12 月第 1 版　2019 年 12 月第 1 次印刷

定　　价 30.00 元

前 言

一

在防灾科技学院大力支持下，我们思想政治理论课教师利用2017年和2018年的两个暑假，寻访走完当年中央红军长征路线。其中，2017年暑假，我们寻访走完从江西瑞金到贵州遵义的长征路线前半程；2018年暑假，我们寻访走完从贵州遵义到甘肃会宁的长征路线后半程。

一直以来，虽然官方或民间、国内或国外的相关个人或组织通过各种方式重走长征路的事例有很多，但在高校教师队伍当中，成建制地沿着当年中央红军长征路线走完全程的，除了我们防灾科技学院思想政治理论课教师团队外，恐怕找不到第二家了。所以我们既是幸运的、幸福的，也是骄傲和自豪的。

为了确保不虚此行，我们做了充分准备。除了做好衣、食、住、行、医等后勤准备之外，我们重点加强了对有关知识的学习准备，不但专门、系统地研读了魏巍的《地球上的红飘带》、王树增的《长征》、金一南的《苦难辉煌》以及哈里森·索尔兹伯里的《长征——前所未闻的故事》等著作，而且学习了长征亲历者的有关回忆等材料。在此基础上，我们按照“各管一段”的原则，每位教师在寻访途中分别承担一段路程的导游和解说任务，以达到“背着任务上路”——“以讲促学”“背着成果回来”——“学以致教”的目的。

就这样，我们踏上了寻访革命前辈长征足迹的征程。在此期间，每位教师都以不同的方式记录了自己的所见、所思、所感、所悟。而我则以诗歌这种概括、简明的方式，记录了红军长征的大致脉络和期间发生的动人故事。

以长征为题材的文章、诗词、歌曲等文学作品很多，而将长征从头至尾以诗歌形式写下来，恐怕是非常少见的，就此而言，我这样做是很值得的。

二

这次学校专门提供经费组织“访谒长征路”活动究竟有什么意义呢？其实，此类活动就是一种纪念活动。要问“访谒长征路”活动的意义，首先要搞清楚纪念活动的意义。

古往今来，任何一个组织，小到一家庭、一团体，大到一民族、一国家，甚至全人类，都会以各种方式纪念曾经对自身生存和发展具有重大意义的人物和事件。这种仪式性的纪念活动有什么意义呢？其实，所有的纪念活动不是为了纪念而纪念，而是为了缅怀过去、关照现实和面向未来。过去的已经逝去，现在和未来则要踏在过去的肩膀上继续前行。人类文明之所以不断发展进步，一个很重要的原因就是人类懂得纪念和继承。通过纪念和继承，后人总能站在前人智慧和精神的肩膀上，由量变积累成质变，不断地向前发展。

在人类文明发展的艰难征程中，许多重要的人物被雕塑成像，许多重要的事件被勒石铭记，于是就有了许多纪念园、纪念馆、纪念碑等，这既是文明进步的脚印，也是文明成长的刻度，更是引导文明接续发展的灯塔。正是这些塑像和铭记，将短暂凝固成了永恒，将速朽升华成了不朽。一个处处能看到纪念园、纪念馆、纪念碑等的国家，既是具有非凡历史的国家，也是对自己的历史足够珍惜、足够自信的国家，更是一个有厚重感、有温度的国家；一个参观拜谒纪念园、纪念馆、纪念碑等人流络绎不绝的国度，肯定是感恩的、厚重的、自信的、温暖的国度，是前能见古人、后能见来者的国度，是值得仰视的国度。

无论如何，长征都是中华民族历史上的大事件，长征应当被勒石铭记、长征中的许多人物应该被雕像纪念；无论如何，当年红军长征经过的地方，应该有许多纪念园、纪念馆、纪念碑等，因为那里曾经牺牲过很多先烈、发生过许多极其悲壮的事情；无论如何，这些纪念园、纪念馆、纪念碑等应该有络绎不绝的参观者，而不应该冷冷清清、空空荡荡；无论如何，当年红军背负民族命运、九死一生走过的地方，不应该成为人迹罕至的被遗忘的角落。

当年红军走过的路，我们应该去看看；当年牺牲在长征路上的先烈，我们应该去凭吊。虽然我们千里跋涉来到烈士纪念碑前只是默哀、鞠躬，表达敬仰、怀念之情，并不能做什么事情，但不能因此就感觉没意思、没意义而不去，甚至对去的人冷嘲热讽。要知道，只有有人、有很多人去了，长征这件事才不会被遗忘，长征精神才不会烟消云散，长征纪念馆才不会落满灰尘，长征纪念园才不会长满荒草，长征纪念碑才不会孤寂矗立。只有这样，我们在回望历史时，才能看见自己走过的足迹，也才能更加踏实、坚定地走向未来。

从另一个角度看，当年红军长征走过的地方，都是山大沟深、交通不便、贫穷落后、国民党统治薄弱的地方。正是这些地方的老百姓，接济、支援、掩护、补充了在极度艰难险阻中跋涉的红军，为中国革命作出了巨大贡献。革命成功了，国家强大了，人民生活好起来了，我们该不该回到这些地方去看看呢？“吃水不忘挖井人”，我们当然应该去看一看。发展红色旅游，是党和政府想出的一个两全其美的好办法。一方面，红色旅游可以使我们接受红色教育，传承红色基因，不忘初心，始终用先进正确的思想价值观和奋发进取的精神建设好中国特色社会主义；另一方面，通过发展红色旅游，惠及、反哺老区人民，带动老区经济发展，使当地老百姓能和全国人民一起步入小康、迈进社会主义现代化。所以，我们在访谒长征路的过程中，坐坐车、吃吃饭、住住宾馆、购买土特产，也是为老区人民的脱贫致富作出贡献，这本身就是“吃水不忘挖井人”、携手老区人民共同奔小康的体现。仅就这一点而言，功莫大焉、善莫大焉。这次我们访谒长征路，还捐了一些善款，虽然不多，但也是表达一点心意。我们觉得，把钱花在那些地方，心里很踏实。

总之，沿着当年革命者的足迹进行红色旅游，既有传承革命精神的意义，更有知恩图报、帮助老区人民发展经济的意义。诗曰：江南七月正高温，访谒长征涤心尘。若问此举有何意？寻根悟道不忘本！

三

人们常说：“苦不苦，想想长征两万五。”长征是红军从二万五千里的围追堵截、狂轰滥炸、饥寒交迫、伤亡牺牲、机智勇敢、悲壮传奇中一步步走来的，它把“苦”的滋味诠释到了极致——毫不夸张地说，长征之苦无以复加、无与伦比！

但长征又“怎一个‘苦’字了得”——“苦”只不过是红军长征的“背景色”，在这一“背景色”的映衬下，长征所彰显的仁、智、勇“三达德”之光芒，格外耀眼。中国传统文化认为，仁、智、勇是人类的“三达德”，意思是说，无论个人还是组织，一旦具备了这三种品质，便能克服一切艰难险阻，处处通达，无往而不胜。红军能在二万五千里的九死一生中成就苦难辉煌，就是因为这支队伍具有仁、智、勇“三达德”。

所谓“仁”，就是仁爱，就是对祖国和人民的大爱，就是面对祖国和人民的苦难，不忍心背过身走开，而是选择背负和承担。在中国共产党的早期骨干中，许多人并非出身贫苦劳动人民，而是出身于衣食无忧的小康之家、甚至锦衣玉食的富贵人家，这些人之所以置生死于度外而毅然决然地选择信仰马克思主义、走上为争取中华民族独立和劳苦大众幸福而革命的道路，就是因为他们有仁爱之心，有救民族于危亡、救斯民于水火的大爱之心——“为什么我的眼里常含泪水？因为我对这土地爱得深沉”。以蒋介石为首的国民党反动派为什么不顾一切地围剿中国共产党及其领导的红军，其根本原因就是中国共产党代表中国劳苦大众的利益，这与蒋介石集团所代表的大地主大资产阶级的利益是根本冲突、水火不容的。中国共产党及其领导的红军之所以能在国民党反动派的围追堵截中一路走来、走向胜利，就是因为红军是劳苦大众的队伍，一路受到了人民群众的爱戴、支持和保护；中国共产党及其领导的红军之所以能够赢得人民群众的支持、领衔建立起抗日民族统一战线和人民民主统一战线，就是因为中国共产党即使在极端困难的情况下，仍不忘救民族于危亡、救人民于水火的责任，始终高擎“民族独立”和“人民解放”的大旗。这帮“肚里野菜糟糠，胸中日月乾坤”的英雄，所信仰和捍卫的，永远是中华民族和劳苦大众的根本利益；所奉行的，永远是“牺牲我一个，幸福千万人”的人生哲学。所以，这支以马克思主义为指导、经历“九九八十一难”、在“三大纪律八项注意”的豪迈进行曲中一路走来的队伍，是一支名副其实的“仁义之师”，他们无往而不胜。

所谓“智”，就是智慧，就是战胜敌人、走出绝境、克服千难万险的智慧。首先，中国共产党及其领导的红军在长征中的智慧体现在科学分析、正确判断形势上。“九一八”事变后，民族矛盾上升为主要矛盾。在这种形势下，中国共产党旗帜鲜明地举起“团结抗日”的旗帜。第五次反“围剿”失败后，红军被迫长征、被一路追杀，在艰难困苦中远征的红军发表《八一宣言》，始终高举“抗日”大旗。这一政治宣言和行动，使顽固坚持“攘外必先安内”的蒋介石反动政府更加不得人心，不仅普通老百姓对其不满，而且国民党内部具有良知的爱国人士也对其不满。这就是说，在民族矛盾上升为主要矛盾的历史条件下，中国共产党及其领导的红军的政治智慧和政治担当，使其在与蒋介石集团的较量中占据了“道义制高点”和“政治制高点”。其次，中国共产党及其领导的红军在长征中的智慧体现在科学分析、巧妙利用蒋介石集团的内部矛盾上。蒋介石虽然在形式上统一了中国，但地方军阀和国民党内部派系林立，都有各自的利益和打算。蒋介石想通过追剿红军，促使鹬蚌相争，收一石二鸟之效——达到既消灭红军又削弱地方军阀的目的。红军巧妙利用蒋介石集团内部争权夺利、钩心斗角的矛盾冲突，打破了他们的围追堵截，最终取得了长征的胜利。这也体现了中国共产党及其领导的红军高超的政治智慧。再次，中国共产党及其领导的红军在长征中的智慧体现在科学制定、严格执行民族政策上。其中最具代表性的事例是刘伯承和小叶丹的彝海结盟。正是红军严格执行了凝聚着高度政治智慧的民族政策，不但顺利通过了少数民族聚居地区，而且赢得了少数民族人民由衷的支持和爱戴。最后，中国共产党及其领导的红军在长征中的智慧体现在娴熟运用灵活机动的战略战术上。遵义会议后，毛泽东被重新赋予事实上的军事指挥权，使红军作战重新回到了正确的战略战术轨道上。毛泽东是在敌强我弱的不利情况下扭转局面、创造奇迹的大师。朱毛红军开创的中央苏区以及前四次反“围剿”的胜利，都是在敌强我弱的情况下，采取灵活机动的游击战、运动战取得的。“有时向东，有时向西，有时走大路，有时走小路，有时走老路，有时走新路”的四渡赤水，就是毛泽东在中央苏区实施的游击战、运动战的继续和炉火纯青的运用。《孙子兵法·虚实篇》中说："水因地而制流，兵因敌而制胜。故兵无常势，水无常形，能因敌变化而取胜者，神。"毛泽东重新指挥红军后，类似"四渡赤水"的"谓之神"用兵一个接着一个，体现了他娴熟运用机动灵活战略战术的无与伦比的高超军事智慧。当然，中国共产党及其领导的红军在长征中的智慧还体现在许多方面，以上四个方面无疑是最突出的。所以，在长征中历尽苦难、最终取得胜利的红军，不但是"仁义之师"，而且是"智慧之师"。

所谓"勇"，就是勇毅，即勇敢和坚毅。"狭路相逢勇者胜""只能被消灭，但不能被打败""置之死地而后生""杀出一条血路"……红军正是以这样的姿态走完二万五千里长征的。面对强敌和严酷的自然环境，他们敢于战斗、敢于胜利，表现出了最具韧性的勇敢。首先，红军最具韧性的勇敢体现在对困难、对敌人"五岭逶迤腾细浪，乌蒙磅礴走泥丸"的战略蔑视中，体现在"雄关漫道真如铁，而今迈步从头越"的豪迈气概中。试想，一番血战后，面对遍野的尸体和如血的残阳，毛泽东仍然用诗歌抒发内心的壮阔，这是何等勇毅、何等强大、何等浪漫。其次，红军最具韧性的勇敢体现在勇于承认和纠正错误、敢于担当的精神上。比如，由于博古、李德坚持推行"左"倾错误路线，不但导致第五次反"围剿"的惨败，而且导致湘江战役中央红军伤亡过半。在这种情况下，毛泽东、周恩来、朱德、张闻天、王稼祥等勇敢地与错误路线展开斗争，勇敢地开展批评和自我批评，勇敢地解剖自己、总结教训、承担责任，勇敢地否定了错误路线、坚持了正确路线，这体现了年轻的中国共产党勇于自我纠错、善于自我发展的强大能力。再如，面对张国焘自恃兵强马壮的狂妄举动和分裂行径，毛泽东等采取了有理、有利、有节的斗争，与张国焘同在红四方面军的朱德、刘伯承等始终坚持原则，勇敢地抵制和反对张国焘的错误行径。最后，红军最具韧性的勇敢体现在红军不惧怕任何艰难险阻，创造了一个又一个奇迹上。一昼夜在崎岖山路上忍饥饿、冒风雨、战守敌跑完 240 里，冒着枪林弹雨冲过在汹涌咆哮的大渡河上摇摇晃晃、火焰猎猎的 13 根铁链，征服腊子口的万丈绝壁和居高临下的密集火力等惊天地、泣鬼神的壮举，不但向我们标识出红军勇敢坚韧所达到的高度，而且向我们标识出人类勇敢坚韧所能达到的高度；一座座雪山顶峰的千年积雪、一片片茫茫草地里的泥沼陷阱以及平均三百米就有一位长眠在二万五千里征程上的红军烈士，都无言地诉说着红军勇敢坚韧所达到的高度。毫无疑问，九死一生的二万五千里长征证明，红军之勇，举世无双。红军不但是无与伦比的"仁义之师""智慧之师"，而且是无与伦比的"勇毅之师"。

总之，红军长征尽管"苦"到了极致，但"苦"绝不是长征的全部，因为只有

“苦”是不能胜利的。如前所述，“苦”是红军长征的“背景色”，在这一背景色之上，红军长征诠释和展示的是无与伦比的大仁、大智和大勇，并由此不断创造奇迹、走向胜利。邓小平指出：“为什么我们过去能在非常困难的情况下奋斗出来，战胜千难万险使革命胜利呢？就是因为我们有理想，有马克思主义信念，有共产主义信念。”这一高屋建瓴、精准到位的论断，是与仁、智、勇“三达德”相呼应的。只有明白这一点，才能更好地理解长征及其精神实质。

访谒长征路出发地——瑞金

访谒长征路目的地——会宁

目 录

001

五反“围剿”弃前功，
敌人围困万千重。
战略转移先遣队，
六七军团各西东。

【注释】

1. 五反“围剿”：指中央革命根据地的第五次反“围剿”。

2. 战略转移先遣队，六七军团各西东。意指在中国工农红军 1934 年 10 月正式转移之前，早在 1934 年 7 月，中共中央和中央革命军事委员会命令中国工农红军第六军团从井冈山出发向西突围、第七军团改编为“中国工农红军北上抗日先遣队”从瑞金出发向东北方向突围。

002

七军遵命打福州，
盲目冒险血白流。
东南贼兵势力大，
全军悲壮志未酬。

【注释】

1. 七军遵命打福州，盲目冒险血白流。意指当时的中央革命军事委员会错误命令红七军团攻打城池坚固、重兵防守的福州，导致伤亡惨重的事件。红七军团和闽浙赣苏区的红十军及地方武装合编，成立中国工农红军第十军团。

2. 东南贼兵势力大，全军悲壮志未酬。意指闽浙赣等东南地区是国民党反动政府势力较强的地区，由红七军团和闽浙赣苏区的红十军联合组成的中国工农红军第十军团在这一带艰苦转战中几乎全军覆没。

怀玉山纪念碑

003

六军辗转入旧州，
法文地图意外收。
甘溪喋血跋涉苦，
终于找到“贺烟斗”。

【注释】

1. 六军：指萧克率领的红军第六军团。

2. 旧州：是贵州北部黄平县一古城。红六军团在这里获得了宝贵的休整时间和大量给养。

3. 法文地图意外收。指萧克在旧州的天主教堂意外获得了一张高质量的法文地图，并由红军进军黄平与旧州途中俘获的外国传教士阿尔佛雷德·勃沙特连夜把地图上的法文翻译成了中文。

4. 甘溪喋血：指 1934 年 9 月红六军团在贵州石阡县的甘溪镇先后两次与敌军进行的异常惨烈、伤亡巨大的恶战。

5. 贺烟斗：指红三军的领导人贺龙。当红六军团在历经千辛万苦终于与转战湘西的红三军(1934 年 10 月 26 日在四川省酉阳县南腰界举行的两军联欢会上，红三军恢复了中国工农红军第二军团的番号)会合时，红三军几乎把所有食物和衣服拿出来接济他们。

在红军长征黄平纪念碑前合影

004

国军已经破石城，
又加叛变孔荷宠。
瑞金形势岌岌危，
朱总电令费思忖。

【注释】

1. 石城:指当时苏区的石城防线,离瑞金只有几十公里。

2. 孔荷宠:时任湘鄂赣边军区总指挥兼红十六军军长,1934 年 10 月叛变。

3. 朱总电令费思忖。意指由于当时军事转移高度保密的需要,彭德怀、杨尚昆、罗炳辉、蔡树藩、林彪、聂荣臻、董振堂、李卓然、周昆、黄甦、罗炳辉、蔡树藩等红军军团首长对朱德总司令的电令只知其然而不知其所以然。

红军第五次反“围剿”石城阻击战纪念碑

005

中央转移离险境，
谁走谁留看好恶。
多次恳求遭拒绝，
秋白留守多险凶。

【注释】

1. 谁走谁留看好恶。指当时中央谁随军转移、谁留在苏区继续坚持打游击，要看当时的主要决策者博古、李德的好恶。

2. 多次恳求遭拒绝，秋白留守多险凶。指当瞿秋白了解到自己将被留在苏区时，多次请求随大部队转移遭到拒绝。1935 年 2 月，他因肺疾加重转道就医途中在福建长汀水口乡遭国民党军队包围被俘，拒绝威逼利诱、宁死不屈，于 1935 年 6 月 18 日在福建长汀慷慨就义。

瞿秋白烈士塑像

006

十月夜深秋风凉，
于都河畔泪水长。
十送红军悲天地，
去留生死两挂肠。

【注释】

1. 十月：指 1934 年 10 月，中央红军长征出发的时间。

2. 于都河畔：中央红军长征出发地。

3. 十送红军：指苏区民歌《十送红军》。

4. 去留生死两挂肠。指无论随大部队转移的红军官兵还是留下来坚守根据地的红军官兵和父老乡亲，都面临九死一生的严酷考验，所以彼此都挂肠悬胆。

在长征出发地——于都河畔合影

007

悠悠贡江历沧桑，洗去苦难着新装。
昔送红军肝肠断，今迎谒客容颜靓。
八条彩虹架两岸，十度繁华映一江。
丰碑巍巍话往事，江水汤汤泽四方。

【注释】

1. 贡江：贡江在于都境内称于都河。

2. 诗的大意：悠悠贡江水流经历史沧桑，如今已洗去昔日的苦难落后，显现一派繁荣景象。回想秋风萧瑟的1934年10月，在父老乡亲痛断肝肠的送别中，8万多中央红军子弟兵在这岸边踏上了前途未卜、九死一生的茫茫远征。眼下两岸幸福繁华倒映水中，八座大桥如同彩虹横跨两岸，江水流淌着和谐幸福的旋律，润泽四方。

如今于都河一瞥

008

筠门岭上密谈忙，
红军借道南天王。
纵使虚打实送客，
彭总痛失洪师长。

【注释】

1. 筠门岭上密谈忙。筠门岭是中央苏区南大门，与广东军阀陈济棠的地盘接壤。中央红军军事转移，一出苏区，首先遇到的“拦路虎”便是广东军阀陈济棠。为避免粤军与中央红军“鹬蚌相争”，从而使蒋介石“渔翁得利”，双方派出代表在筠门岭进行秘密谈判，最后达成包括“必要时可以相互借道”在内的五项秘密协议。

2. 南天王：指广东军阀陈济棠。

3. 纵使虚打实送客，彭总痛失洪师长。指即便粤军跟中央红军之间没有真打大打，中央红军只是“借道”通过，粤军只是让道并尾随“送客”，但局部战斗还是比较惨烈的。在此期间，红三军团第四师师长洪超在前沿指挥时中弹牺牲，这令军团长彭德怀十分悲痛。

009

五大军团清路障，
军委纵队过桃江。
伤亡三千七百众，
突破国军第一防。

【注释】

1. 五大军团：指以“抬轿子”的布局护卫中央军委两个纵队长征的红一军团、红三军团、红八军团、红九军团和红五军团。

2. 突破国军第一防。指中央红军长征出发一周后，突破陈济棠统领的粤军沿着中央苏区西南的安远、信丰、赣县和南康一带设置的第一道封锁线。这条呈弧形的封锁线是沿着信丰桃江东岸修筑的，南北长120多公里，东西宽约50公里。

在铜鼓岭红军烈士纪念园合影

010

蒋某重金搞悬赏，
擒拿朱毛及众将。
二十五万虽昂贵，
躺在报上梦黄粱。

【注释】

1. 蒋某重金搞悬赏，擒拿朱毛及众将。意指为了消灭红军，国民党在军事围剿的同时，不惜重金悬赏毛泽东、朱德及红军主要将领的“项上人头”。1934 年 10 月 25 日，就在红军长征突破第一道封锁线的时候，蒋介石在此前“生擒毛泽东朱德者，赏洋十万元。献其首级者，赏洋五万元。生擒或杀死彭德怀等以下者，各赏洋一万元”的基础上，进一步以南昌行营的名义向全国发布公告：“生擒毛泽东朱德者，赏洋二十五万元”。这是当时以政府名义针对个人的“最昂贵、最诱人的悬赏”。

2. 二十五万虽昂贵，躺在报上梦黄粱。指蒋介石的悬赏没有得逞，巨额赏金没有用武之地，悬赏告示只能在报纸里睡大觉。

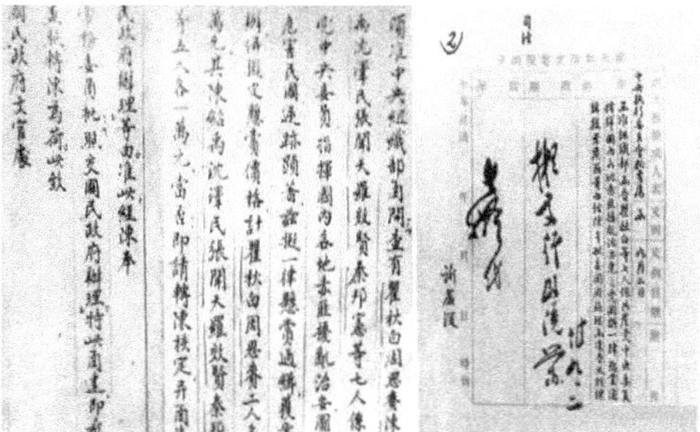

国民党悬赏共产党领导人的资料片段

011

昼夜奔袭二百里，
巧夺城口创奇迹。
突破二道封锁线，
曾保堂营功第一。

【注释】

1. 昼夜奔袭二百里，巧夺城口创奇迹。城口：指广东仁化县城口镇，这里是国民党军第二道封锁线的关键点。1934 年 11 月，中央红军突破国民党军第二道封锁线就是从这里开始的。为了赶在敌人之前占领防守空虚的城口镇，红军第一军团第二师六团一营营长曾保堂带领全营官兵，一昼夜奔袭 220 里，机智、勇敢地占领了这个极其重要的粤北关隘。

2. 曾保堂营：指由曾保堂担任营长的红军第一军团第二师六团一营。

在仁化县城口镇长征纪念广场合影

012

城口过后去何方，
主席提议北入湘。
首次建言被漠视，
大军西进向乐昌。

【注释】

1. 城口过后去何方，主席提议北入湘。主席：指时任中华苏维埃共和国临时中央政府主席的毛泽东。过了城口镇以后，没有军事指挥权的毛泽东在长征途中第一次向中央革命军事委员会建议，红军不要向西到敌情复杂的粤北乐昌县、湘南宜章县去，而是向北进入湖南，相机消灭敌人，迂回到中央苏区一带去。

2. 首次建言被漠视，大军西进向乐昌。乐昌：指粤北乐昌县。毛泽东的建议没有被理会，红军向西朝乐昌县进军。

红军长征粤北纪念馆

013

乐昌北部九峰山，
敌我争夺制高点。
大雨滂沱鏖战烈，
粤军“送客”至此还。

【注释】

1. 九峰山：位于广东和湖南边界，是从广东进入湖南的咽喉之地。

2. 粤军“送客”至此还。指在长征途中，九峰山阻击战是粤军与中央红军的最后一战，是两军的“告别战”。

014

红军离粤入湘南，
地狭河宽用兵险。
敌人五路布死局，
黑云重压潇湘间。

【注释】

1. 红军离粤入湘南，地狭河宽用兵险。指中央红军长征进入湖南南部后，潇水和湘江两条大河之间地域狭窄、河渠纵横、地势较为平坦，很不利于中央红军前进和防御，形势十分危险。

2. 敌人五路布死局，黑云重压潇湘间。指蒋介石精心布局以湖南省政府主席何键为“追剿”军总司令的五路大军，企图凭借潇水和湘江天堑，形成合围，一举消灭中央红军。

在湘南访谒长征遗迹

015

匪兵望风弃城防，
红军轻松进宜章。
朱总重来游故地，
军民联欢喜洋洋。

【注释】

1. 匪兵望风弃城防，红军轻松进宜章。意指中央红军自军事转移以来尽量避免攻打县城，但横亘在前路的湘南宜章县城无论如何绕不过去。当攻打宜章县城的任务落到红三军团第六师十六团的时候，团长李寿轩和政委于端祥深感任务艰巨、责任重大，并做了充分准备。但由于驻防在这里的国民党军是湖南省政府主席何键收编的一股500多人的土匪，他们遭遇红军一触即溃、望风而逃。所以十六团和中央红军在老百姓打开城门、夹道欢迎中轻松进入宜章县城。

2. 朱总重来游故地。朱总指朱德，他曾经在南昌起义后，与陈毅带领队伍转移到这一带举行过“湘南暴动”（亦称“年关暴动”），所以对朱总而言是“故地重游”。

朱德、陈毅领导的宜章年关暴动指挥部

016

今访长征过梅关，
陈毅诗篇呈心间。
梅花凌寒独开艳，
怎比英雄傲苦难？

【注释】

诗的大意是：今天访谒长征路经过梅岭，突然想起陈毅的《梅岭三章》。纵使这不畏严寒、凌寒娇艳绽放的梅花，也比不上当年在这一带九死一生、历经千难万险和千辛万苦坚持游击战的英雄们的坚韧和高洁。

陈毅《梅岭三章》

017

滔滔潇湘横前方，
西进之路险异常。
德怀也献北上策，
不被采纳无回响。

【注释】

1. 滔滔潇湘横前方，西进之路险异常。指中央红军从宜章向西，必然会遇到横亘在前、国民党集结重兵守候的潇水和湘江，前进之路异常凶险。

2. 德怀也献北上策，不被采纳无回响。德怀：指红三军团总指挥彭德怀。在突破宜章县城以后，彭德怀也建议北上进入湖南腹地，与中央红军在突破城口镇第二道防线后毛泽东建议北上类似，可谓“英雄所见略同”。但对彭德怀的建议，博古和李德“既未回信，也未采纳”。

018

二六军团会湘西，
策应中央出险地。
永顺谷地打胜仗，
攻取桃源和慈利。

【注释】

1. 二六军团会湘西，策应中央出险地。指1934年10月下旬，萧克、王震率领的红六军团红军终于在贵州、湖南和四川交界处的深山中与贺龙率领的红三军(后恢复为红二军团)会合。会合以后，两军首先建立了由贺龙担任军团长、任弼时担任军政委员会主席的统一领导机构。之后他们在湘西开辟根据地，努力配合策应中央红军渡湘江、脱险境。

2. 永顺谷地打胜仗，攻取桃源和慈利。指红二、红六军团在永顺县的一个被当地人称为十万坪的开阔谷地打了大胜仗，并先后占领桑植、桃源和慈利等县城。

019

顽强苏区闽浙赣，终葬皑皑怀玉山。
项英决策失根本，畴西固执铸大难。
粟裕冲出封锁线，淮洲喋血乌泥关。
铁汉柔情方志敏，爱国精神耀名篇。

【注释】

1. 顽强苏区闽浙赣，终葬皑皑怀玉山。项英决策失根本，畴西固执铸大难。指闽浙赣苏区是在国民党统治力量比较强大的地区开辟的苏区，虽然面积比较小，但还是在方志敏等的领导下，顽强地生存了下来。可悲的是由于该苏区的直接上级领导项英的错误决策，再加上军团长刘畴西在军情十分危急的情况下，执意让部队休息，不听方志敏、粟裕连夜突围的建议，在皑皑白雪的晚上，除粟裕率几百人连夜突围成功外，其余大部在怀玉山壮烈牺牲。

2. 粟裕冲出封锁线，淮洲喋血乌泥关。粟裕：即粟裕大将，时任红军第十

方志敏和他的《可爱的中国》

军团参谋长。淮州：即寻淮洲，时任红军第十军团十九师师长。在刘畴西主张休息、拒绝连夜突围的情况下，粟裕率领几百人的先头部队坚决突围出去。寻淮洲在此前的乌泥关战斗中，不幸中弹牺牲，年仅二十二岁。

3. 铁汉柔情方志敏，爱国精神耀名篇。方志敏时任闽浙赣苏维埃主席兼闽浙赣军区司令员。他被俘后，面对敌人的威逼利诱坚贞不屈，视死如归，并在牢房的墙壁上留下了“敌人只能砍下我们的头颅，决不能动摇我们的信仰”的遗言，体现了革命者的铮铮铁骨。而他在监狱中写下的《可爱的中国》等名篇，体现了他对祖国的无限热爱和对革命必胜的信念。

020

二十五军娃娃兵，鄂豫皖区似虎龙。
智勇双全吴焕先，凶猛无比徐海东。
绝地反击扶山寨，突出重围独树镇。
先抵陕北开新面，长征胜利建头功。

【注释】

1. 二十五军娃娃兵，鄂豫皖区似虎龙。指红二十五军是红四方面军离开鄂豫皖苏区时留下的部队，红军战士比较年轻。除了军长陈子华二十九岁、政委吴焕先二十七岁、副军长徐海东三十四岁外，全军团营干部很少有超过二十岁的，士兵里有不少十二三岁的少年甚至还有八九岁的儿童，因此被共产国际称为“儿童军”。但就是这支人数只有两三千人的“儿童军”，在鄂豫皖苏区对国民党构成很大威胁，牵制了其很多兵力。

2. 绝地反击扶山寨，突出重围独树镇。先抵陕北开新面，长征胜利建头功。指 1934 年 11 月，红二十五军(约 3000 人)在河南省光山县东南部扶山寨打垮敌人约 10 个团的突然袭击，取得了毙伤俘敌约 4000 人的重大胜利。这是红二十五军离开鄂豫皖革命根据地前的最后一仗，为部队实行战略转移杀出了一条血路。独树镇战役指 1934 年 11 月在河南省方城县独树镇爆发的战役，交战双方是中国工农红军的第二十五军和国民党的豫鄂皖三省“围剿”总队。在红二十五军被包围的关键时刻，军政委吴焕先率领红军官兵与敌人展开肉搏战，最后突出重围。独树镇战役粉碎了蒋介石企图将红军围歼于长征途中的阴谋，保存了红军的有生力量，使得红二十五军先期到达陕北，为迎接中央红军北上奠定了基础。

021

红军攻取蓝山城，
打开官仓收获丰。
粮食军装和棉被，
还有大洋与黄金。

【注释】

蓝山城：指湖南永州的蓝山县城。1934 年 11 月，为了尽快打通红军西进的必经之地，周恩来和刘伯承亲自指挥红一军团第一师三团攻占蓝山县城。

蓝山县红军烈士墓碑

022

四团轻松取道县，
笑傲追兵周浑元。
潇水险关抢在手，
打下敌机军民欢。

【注释】

1. 四团：指耿飚、杨成武领导的红一军团第二师四团。

2. 周浑元：指当时按照何健命令赶往道县截击中央红军的蒋介石嫡系部队周浑元部。

3. 打下敌机军民欢。指在道县，中央红军用机枪意外打下一架追击轰炸的国民党军机，这给军民带来了意外惊喜。但由于无法带走，最后只能放火烧毁。

道县红军墙

023

军委姗姗临潇水，
敌人围攻浮桥窄。
猛将阻击保渡口，
断后全营未返回。

【注释】

1. 军委姗姗临潇水。指在 1934 年 11 月 22 日红军主力已经渡过潇水的情况下，中央军委纵队却直到 11 月 25 日才来到潇水渡口，整整耽误了 3 天，而这 3 天的耽误则是致命的。

2. 敌人围攻浮桥窄。指中央军委纵队在渡潇水的时候，浮桥很窄，周浑元率领的国民党军攻势很猛。

3. 猛将阻击保渡口，断后全营未返回。猛将，指在中央军委纵队渡潇水时负责保卫渡口、阻击敌人的红一军团第一师师长李聚奎。为掩护军委纵队渡潇水，派出红五军团的一个营负责断后，但当他们终于摆脱敌人撤到河边时，浮桥已经被炸毁，他们只能跳进冰冷刺骨的河水壮烈牺牲。

024

潇湘汤汤水流急，
都庞岭上道路崎。
几十公里四天走，
坛坛罐罐误战机。

【注释】

1. 潇湘：指潇水和湘江，两河相距 80 公里，中间隔着五岭中的都庞岭。

2. 几十公里四天走，坛坛罐罐误战机。意指按照正常行军速度，几十公里路程一昼夜就可以走完。但在军情十万火急的情况下，从灌阳县文市镇到湘江渡口，中央军委纵队背着“坛坛罐罐”整整走了 4 天，而这 4 天的每一分每一秒都攸关生死。

都庞岭红军烈士纪念碑

025

主席闻天王稼祥，
长征反思多商量。
最忧博古洋顾问，
断送革命不更张。

【注释】

1. 主席闻天王稼祥，长征反思多商量。主席指毛泽东，闻天指张闻天。在中央红军长征前半程，毛泽东、张闻天、王稼祥时常在一起行军，也时常沟通对时局和革命的看法，并逐渐形成一致主张。

2. 最忧博古洋顾问，断送革命不更张。意指最担心博古、李德独断专行、固执己见，在错误的道路上越走越远，以致葬送中国革命。

毛泽东、张闻天、王稼祥三人谈话雕塑

026

界首新圩脚山铺，一三军团鏖战苦。
军委纵队蜗牛进，湘桂敌军恶虎扑。
渡口空闲心焚炭，阵地惨烈血漂橹。
三年不饮湘江水，十年不食湘江鱼。
坛坛罐罐缚手脚，团团伙伙失正途。
博古李德当自省，将帅无能万骨枯。

【注释】

1. 界首新圩脚山铺，一三军团鏖战苦。界首、新圩、脚山铺，是中央红军湘江战役中，彭德怀指挥的红三军团和林彪指挥的红一军团阻击敌人、确保中央军委纵队前进通道安全畅通和湘江渡口不被敌人占领的三个主要阻击阵地。面对人数众多、装备精良的桂军和湘军猛烈疯狂的轮番进攻，在长达四五天的阻击战中红一、红三军团伤亡惨重。

在湘江战役纪念园合影

2. 渡口空闲心焚炭，阵地惨烈血漂橹。意指由于中央军委纵队行进十分缓慢，让无数官兵用生命守卫的湘江渡口竟然空闲了 3 天，这使无数官兵特别是在阵地上残酷鏖战、伤亡重大的红一、红三军团官兵心急如焚。

3. 三年不饮湘江水，十年不食湘江鱼。这是湘江血战后，在当地老百姓中广泛流传的话，从一个侧面反映了湘江之战的惨烈。

4. 坛坛罐罐缚手脚，团团伙伙失正途。意指正因为当时中央红军负责人博古、李德等在苏区排挤真正具有宏才大略的毛泽东等同志，从而使革命失去正确道路。而在被迫离开中央苏区长征的时候，又采取搬家式行动，严重影响了红军的行进速度和灵活机动性，从而酿成湘江血战等悲剧。

027

博古李德到赣州，苏区好景黯然收。
五反“围剿”输家底，四破封锁多断头。
昔恋坛罐酿悲事，今立碑记师客流。
寻谒长征忆旧日，思源承志写春秋。

【注释】

湘江战役是中央红军长征途中最惨烈的一场战役。经此一役，中央红军从出发时的 8 万多人锐减至 3 万多人。这首步韵刘禹锡《西塞山怀古》的诗，一方面批判当时中央红军负责人博古、李德的指挥无能，另一方面总结历史经验教训。

湘江战役形势示意图碑

028

红三军团第五师，
多数子弟来广西。
昔日百色闹起义，
今朝新圩打阻击。

【注释】

诗的大意是:由广西人李天佑任师长的红三军团第五师由1929年12月百色起义队伍发展而来,所以绝大多数士兵来自广西。这次他们来到自己的家乡广西新圩,勇敢阻击白崇禧的桂军,以确保中央纵队及后续部队安全渡过湘江。

029

文市阻击慨而慷，
悲壮无名好连长。
腹破肠露全力拼，
高喊保卫党中央。

【注释】

1934年11月28日，红五军团第三十四师为了保卫中央军委纵队，在文市的水车地区阻击周浑元部。一〇〇团作为阻击阵地的前沿部队，在英勇阻击中付出了重大的伤亡和牺牲。该团一位连长在腹部中弹、肠子露出的情况下，用尽最后的力气拼命喊："同志们！我们没有退路，身后面就是党中央！"

在文市水车地区寻访红军遗迹

030

起义将领董振堂，
第五军团任首长。
长征断后挑重担，
忠勇无比热心肠。

【注释】

1. 起义将领董振堂，第五军团任首长。董振堂曾经是国民党军的高级军官。1931 年 12 月，他率部在围剿中央苏区的宁都前线起义，起义部队被改编为中国工农红军第五军团。1932 年他加入中国共产党，并出任红五军团军团长。

2. 长征断后挑重担，忠勇无比热心肠。在长征途中，断后阻击追敌的任务最繁重、最危险。中央将这一任务交给董振堂，足见对他的忠诚、智慧和勇气的高度信任。

031

三十四师陈树湘，率军断后勇无疆。
掩护主力脱险境，遭困追兵未渡江。
孤立无援猛拼杀，坚持游击大伤亡。
顽敌凶残缺弹炮，冬雨凄冷无衣粮。
腹破昏迷成俘虏，苏醒就义自断肠。
从来湘楚多英气，群山苍苍潇水长。

【注释】

1. 三十四师陈树湘，率军断后勇无疆。三十四师，指中央红军长征途中，在断后阻击阵地最前沿阻击追兵的红五军团第三十四师，陈树湘任师长，程翠林任政委，王光道任参谋长。这些勇于担当重任的年轻红军将领，未能随中央红军主力渡过湘江，在1935年12月全部壮烈牺牲。

2. 腹破昏迷成俘虏，苏醒就义自断肠。指在突围中陈树湘师长腹部中弹，昏迷被俘。在国民党道县保安团将他抬在担架上送往长沙领赏的路上，苏醒后的陈树湘从腹部的伤口中掏出肠子扯断，惨烈悲壮牺牲。

向陈树湘烈士雕塑鞠躬

032

万里长征多苦难，君事壮烈堪为冠。
断后全师伤亡尽，突围浑身血肉绽。
掏肠田埂草木悲，悬首城头虫鸟寒。
自古楚汉多壮士，潇湘悠悠英气轩！

【注释】

诗的大意是：在九死一生的长征途中，最悲壮的故事莫过于陈树湘师长惊天地泣鬼神的惨烈牺牲。1934 年 11 月，红三十四师师长陈树湘接受红军长征途中最危险的断后重任。湘江战役打响后，陈树湘率领红三十四师官兵死守阵地，与数十倍于自己的敌人鏖战 4 天 4 夜，直到中央红军主力突围渡过湘江。然而，此时的红三十四师已被国民党军阻隔在湘江以东，无法随中央红军主力渡过湘江。部队在向湘南突围中，陈树湘不幸腹部中弹，流血不止的他躺在担架上指示战士向道县四马桥方向退却。当突围至四马桥坪塘村时，陈树湘带领几名战士占据有利地形阻击追敌，掩护其他官兵撤退，直至子弹耗尽，陈树湘不幸被俘。在国民党道县保安团抬着被俘的陈树湘前往长沙请功途中，躺在担架上的陈树湘乘敌不备，强忍剧痛用手撕开自己腹部的伤口，绞断肠子英勇就义。陈树湘牺牲后，他的头颅被敌人残忍地割下来送到了长沙，挂在城门示众。

位于道县潇水河畔的陈树湘烈士墓

033

越城岭下千家寺，
断后红军遭突袭。
火烧墙皮掉落去，
满楼标语话往昔。

【注释】

1. 越城岭下千家寺，断后红军遭突袭。指中央红军遭遇重大损失渡过湘江后，很快遇到长征以来真正的高山——被当地少数民族称为老山界的越城岭。在越城岭下一个叫千家寺的小村庄，负责断后的红五军团的部分官兵遭到桂兵猛烈突袭，许多士兵英勇牺牲。

2. 火烧墙皮掉落去，满楼标语话往昔。指红军当年经过千家寺村时，留下了很多标语。其中一些标语被当地老百姓用石灰泥裹在墙里保护起来。1988年冬天，当地发生了一场火灾，千家寺吊脚楼的墙体被大火炙烤致部分石灰表皮脱落，墙上露出“红军宣”等字样的标语。这些“重见天日”的满楼标语，默默诉说着当年的情形。

在千家寺红军标语楼前

034

可怜伤病小红军，掉队深山失雁群。
土匪杀害抛荒野，张郎埋葬祭英魂。
四代守墓弘善道，我辈访贤修赤心。
不辞千辛寻青冢，鞠躬苍山致敬尊。

【注释】

在贵州省台江县巫脚交村，有这样一个感人故事。当年一位负伤的小红军在该村掉队后，被当地土匪杀害抛尸荒野。一位名叫张堂开的村民将其收殓埋葬，并当作去世的亲人一样祭祀。在张堂开老人和他的四个儿子相继去世后，张家后人不忘父辈嘱托，依旧悉心守护着这座红军墓，直到现在。

与张堂开家人合影，身后是他们世代守护的红军墓

035

重走长征访旧踪，登临华南最高峰。
刚才雾气锁豪兴，转眼仙境露峥嵘。
光洒祥云映苍翠，雾随微风绕葱茏。
当年红军化仙子，为尔掀帘犒赤诚。

【注释】

2017 年 7 月 24 日，访谒长征路的老师们来到越城岭（当地人叫“老山界”）的最高峰——“华南之巅”。还未到达顶峰的时候，满眼云雾朦胧，四周什么也看不清。刚到达山顶的时候，也还是雾气弥漫，让人不能尽兴欣赏景色。没想到一转眼的工夫，在太阳光辉的照耀下，四周美景目不暇接，仿佛置身仙境，大家欢呼尖叫。好像当年牺牲在这里的红军战士化为仙子，特意掀开窗帘，用无限美景犒劳满怀赤诚、远道而来的我们。

登顶老山界

036

红军主力过湘江，
气急败坏委员长。
电令广西做解释，
反遭嘲讽赣闽湘。

【注释】

诗的大意是：对于在湘江一战中没有消灭中央红军主力，蒋介石十分不满，电令广西方面给他一个“合理的解释”。白崇禧在回电的“合理的解释”中嘲讽道：“赤匪盘踞赣闽，于兹七载，东南西北四路围剿，兵力达百余万，此次任匪从容脱围，已为惋惜，迨其进入湖南，盘踞宜章，我追剿军各军，坐令优游停止达十余日不加痛击，尤引为失策……”白崇禧的“合理的解释”是请委员长先看看你们在江西、福建、湖南等省的表现，再责备我不迟；如果你们前面做得好，红军还能跑到广西来让我“小诸葛”出马吗?!

在湘江凤凰嘴渡口

037

翻越高山到通道，六人开会显微妙。
李德发言说皇历，主席辩驳献新韬。
转兵贵州避死路，改编队伍换旧貌。
发扬民主去独断，长征路上头一遭。

【注释】

1. 翻越高山到通道，六人开会显微妙。高山：指越城岭。通道：指位于湘川黔交界、隶属湖南的通道县。中央红军翻过越城岭到达通道县，便召开了由博古、李德、周恩来、张闻天、王稼祥、毛泽东等六人参加的通道会议。这次六人会议的召开颇显微妙，因为它打破了相当长一段时间以来，特别是长征以来"三人团"决定一切军事行动的局面。

2. 李德发言说皇历，主席辩驳献新韬。新韬：指新的军事韬略。在通道会议上，李德提出中央红军从通道北上，去与转战在湖南西部的红二、红六军团会师的老主张，而没有根据形势变化提出丝毫具有新意的见解；毛泽东提出，因为国民党已在中央红军前往与红二、红六军团会师的路上布置层层重

在通道转兵纪念馆合影

兵，在这种情况下再坚持原定计划与红二、红六军团会师无异于自投罗网，所以建议转兵西进，到敌人力量比较薄弱的贵州开拓新局面。

3. 改编队伍换旧貌。指在通道会议上，对党的机关和红军部队进行了改编，并对高级干部做出调整，特别值得注意的是，此前被李德贬为红五军团参谋长的刘伯承又被调回中央军委，这意味着李德的权威受到很大削弱。

4. 发扬民主去独断，长征路上头一遭。意指通道会议是长征路上第一次发扬民主进行重大军事行动决策的会议。从此以后，博古、李德失去了独断专行的权力。

038

臭名昭著“双枪”兵，
压榨黔民成“干人”。
眼下红军西入境，
四处拜佛佛不灵。

【注释】

1. 臭名昭著“双枪”兵，压榨黔民成“干人”。以王家烈为首的贵州军阀靠倒卖鸦片购买武器、养活军人。其军队也是靠步枪和烟枪（被人们戏称“双枪”）装备起来的。尽管他们对外战斗力十分低下，但对普通老百姓凶恶无比，将老百姓所有的一切都榨干了，所以这里的穷苦老百姓被称为“干人”。

2. 眼下红军西入境，四处拜佛佛不灵。意指当贵州军阀王家烈风闻中央红军及其后薛岳率领的“追剿军”即将到达贵州地界时，急得像热锅上的蚂蚁，慌忙向广东军阀陈济棠和广西军阀白崇禧求救，但陈济棠、白崇禧虚与委蛇、只作壁上观。

039

黔驴怕虎更怕狼，
各自盘算无锦囊。
薛岳略施雕虫技，
鸠占鹊巢入贵阳。

【注释】

1. 黔驴怕虎更怕狼，各自盘算无锦囊。黔驴：比喻像“黔之驴”一样无能的王家烈、犹国才、侯之担、蒋在珍等贵州大小军阀。怕虎更怕狼：比喻王家烈他们既怕中央红军更怕薛岳率领的“中央军”。面对长征到来的中央红军和追随而来的薛岳“中央军”，王家烈等贵州军阀各自盘算，拿不出什么“锦囊妙计”。

2. 薛岳略施雕虫技，鸠占鹊巢入贵阳。1935 年 1 月 1 日，薛岳与王家烈在黔军指挥部马场坪会见后，故意发电让王家烈带领黔军主力“速向瓮安、紫江一带截剿”，而命令自己的“中央军”“速向西追剿，免匪窜犯贵阳，而保我中心城市”，并强调“本路军部署，不得向友军(王家烈黔军)宣泄”，从而抢在王家烈前面进入贵阳。

040

红军入黔占黎平，甩开追兵好休整。
官兵偷闲养伤病，夫妻短暂享温馨。
中央开会定大策，毛周强硬反霸凌。
伯承重返总参位，龙游川黔走闲庭。

【注释】

1. 红军入黔占黎平，甩开追兵好休整。官兵偷闲养伤病，夫妻短暂享温馨。1934年12月13日，红军轻松攻占贵州黎平县城，在这里休整了6天。休整期间，不但修养连里的伤病员得到了较好救治，而且中央破例通知夫妻可以团聚几天。

2. 中央开会定大策。中央在这里召开了长征以来的第一次政治局会议，进行重大军事决策。在这次后来被称为“黎平会议”的重要会议上，博古一直坚持的从贵州向北进入湖南与红二、红六军团会合，在湘西建立根据地的意见被否决；毛泽东提出的向西渡过乌江，在以遵义为中心的黔西北开创新的根据

在黎平会议会址前合影

地，以与向北偏西的红四方面军、向北偏东的红二、红六军团相互策应的意见被采纳。

3. 伯承重返总参位，龙游川黔走闲庭。黎平会议还有一个重要成果，就是决定刘伯承重新担任红军总参谋长。红军长征途中，在后有数十万追兵、前有金沙江天险的情况下，许多人怕部队过不了江，毛泽东却风趣地说："朱德同志说，四川称刘伯承是一条龙下凡，江水怎么会挡得住龙呢？他会把我们带过去的！"于是在刘伯承总参谋长的高超指挥下，面对贵州、四川的高山巨川，红军就像"闲庭信步"。

041

长征路上修养连，老弱病妇加伤残。
周公关怀派强将，四老垂范做中坚。
行军不怕担架重，疗治最忧药箱扁。
最是焦心悲伤事，孕妇生产激战酣。

【注释】

1. 长征路上修养连，老弱病妇加伤残。指长征路上有一支由老人、病人、妇女和伤残者组成的特殊队伍——修养连，这是长征途中最需要保护和照顾的队伍。

2. 周公关怀派强将，四老垂范做中坚。“周公”指周恩来，“四老”指徐特立、董必武、谢觉哉、林伯渠。为了保护和照顾好修养连，周恩来给这个连队选派了大名鼎鼎的何长工担任修养连连长、选派原红八军团卫生部部长侯政担任专职连长，并对他们提出了“绝对保证他们的安全”的要求。在长征途中，修养连的“四老”一路身先垂范，不但没有连累连队，而且成了连队主心骨和中坚力量。

042

浓浓香味飘年关，
红军大雾到瓮安。
守城黔军无踪影，
军民共享酒肉欢。

【注释】

1934 年 12 月 29 日，中央红军在大雾弥漫中轻松攻占瓮安县城。在这里，红军与当地“干人”们一起庆贺新年。

中央红军长征过瓮安纪念碑刻

043

红三军团过镇远，
个个换得新衣穿。
攻击追敌搞迷惑，
连夜离去不恋战。

【注释】

诗的大意是：当红三军团路过贵州镇远县城的时候，驻守在这里的黔军柏辉章师只是象征性地抵抗一下就逃之夭夭了。红三军团官兵在从县政府仓库缴获大量布匹的同时，也把县城所有布匹采购一空，离开的时候个个穿着新衣服。此外，他们用埋伏进攻的假象迷惑追敌吴奇伟部，当吴奇伟部担惊受怕开进镇远县城的时候，红三军团已经走远了。

贵州镇远古镇

044

猴场近前是乌江，
有人执意闹北上。
中央开会严纲纪，
西进遵义没商量。

【注释】

1. 猴场近前是乌江，有人执意闹北上。“猴场”是瓮安县一个商业繁荣的集镇，号称黔北“四大场”之一。“有人”指博古、李德。“闹北上”指反对渡过乌江进占遵义，而是不顾敌情危险、不顾黎平会议决定，顽固坚持北上湘西与红二、红六军团会师。

2. 中央开会严纲纪，西进遵义没商量。指中央政治局在猴场召开会议，坚定维护了黎平会议决定的严肃性和有效性，仍然坚持西进遵义的决策，坚决遏制在中央政治局集体作出决议后违背组织原则随意更改的恶劣作风和错误倾向。此外，会议通过的《中央政治局关于渡江后新的行动方针的决定》明确要求：“关于作战方针，以及作战时间和地点的选择，军委必须在政治局会议上做报告。”

在猴场会议纪念馆前合影

045

“十六字令”三首

河，澎湃湍急劈巍峨。泽万物，晚风送渔歌。
河，两岸绝岩映流波。高千仞，鸟兽叫声怯。
河，横亘重重封路绝。鏖战烈，血染江呜咽。

【注释】

毛泽东在长征路上吟成的“十六字令”三首，以山为载体，表达了共产党人一往无前的革命勇气，气势磅礴，豪放洒脱。在“访谒长征路”的过程中，受此启发，以河为载体，也赋“十六字令”三首，以表达共产党人不畏艰险、慷慨奋进的理想主义和英雄主义气概。

金沙江皎平渡口

046

一三军团多神仙，强渡乌江有何难？
指挥耿飚杨得志，突击振华孙继先。
竹筏连通江界河，勇士泅渡茶山关。
敌架炮火铸防线，我砍毛竹渡天堑。
可怜地蛇侯之担，猛龙过江散如烟。

【注释】

1. 一三军团多神仙，强渡乌江有何难。指当红军在乌江上有史以来第一次架起浮桥后，刘伯承在岸边不由自主地感叹："好！红军里面有神仙！"

2. 指挥耿飚杨得志，突击振华孙继先。指在强渡乌江过程中，具体指挥的是红一方面军二师四团团长耿飚、一师一团团长杨得志等将领，带领战士突击的是四团三连连长毛振华、一团一营营长孙继先等，他们智勇双全，带领红军战士克敌制胜。

3. 竹筏连通江界河，勇士泅渡茶山关。江界河、茶山关都是乌江上的渡口，其中江界河渡口有敌人重兵把守，而茶山关渡口则凶险无比，正所谓"乌江无安渡，茶山尤险极。急流一线穿，绝壁千仞植"。当时的红军勇士在江界河渡口冒着枪林弹雨用竹筏强渡，在茶山关渡口则是不顾生命危险泅渡过去。在各个渡口勇士们奋不顾身的共同努力下，打退渡口守敌，用竹排在江界河架起了浮桥。

4. 可怜地蛇侯之担，猛龙过江散如烟。意指黔军第二十五军副军长侯之担是贵州重要军阀之一，相对于远道而来的红军而言，可谓是"地头蛇"。在红军强渡乌江时，他的部队担任防守任务。当红军胜利渡过乌江后，他的部队一下子四散而逃，而他自己更是狂奔千里逃往四川重庆。"猛龙过江"用以比喻中央红军胜利渡过乌江。

047

水马铠甲突降临，活捉守敌一整营。
化装扮成黔军样，机智诈取遵义城。
雨大城头灯光暗，夜深守军睡意浓。
忽见外营溃散到，惊闻追兵快如风。
昏将上当献城防，红军吹号退守兵。
还是营长曾保堂，城口过后又建功。

【注释】

1. 水马铠甲突降临，活捉守敌一整营。指换装扮成黔军样，机智诈取遵义城。"水马""铠甲"指代红军。因为自从红军强渡乌江以后，溃散逃跑的黔军到处说，红军个个骑着"水马"、穿着"铠甲"，简直就是天兵天将、无法阻挡。这几句的意思是红军在暴雨中突然降临，将距离遵义城大约15公里的一个营敌军全部俘虏（只有包括营长在内的少数几人被打死）。紧接着，按照刘伯承的指点和要求，红一军团二师六团想出了"化装诈城"的办法，即将黔军俘虏的

在遵义市红军街合影

衣服脱下来让曾保堂营战士穿上，然后押着少数几个俘虏来到遵义城，以溃散黔军的名义骗取驻守遵义城的黔军守城将领打开城门。

2. 昏将上当献城防，红军吹号退守兵。意指在化装诈城的红军面前，难辨真伪的黔军守城将领上当打开了城门，献出了城防。而就在此时，为这次军事行动而特意挑选的三十多名司号员登上城头，一起吹响军号，从而使得其他驻守遵义城的黔军以为红军的主力到了，从而放弃城防，各自逃命去了。

3. 还是营长曾保堂，城口过后又建功。曾保堂：时任红一军团二师六团一营营长。在中央红军长征突破国民党第二道封锁线的城口镇时，他带领红军官兵机智、勇敢地完成任务。这次“化装诈城”、智取遵义，也是在他的直接带领下完成的。

048

连续作战第四团，
乘胜追击娄山关。
无意接敌电话线，
打下桐梓与松坎。

【注释】

1. 连续作战第四团，乘胜追击娄山关。第四团：指耿飚直接指挥的红一军团二师四团。自强渡乌江以来，四团已经三天三夜没休息了，本打算到遵义城“补新年”，但又接到刘伯承的命令，要求立即乘胜追击，占领60公里外的娄山关。

2. 无意接敌电话线，打下桐梓与松坎。指在娄山关，当耿飚从通信兵手里拿过电话准备向师里汇报情况时，没想到电话里传来了黔军将领王家烈和侯之担之间的通话，耿飚因此知道了娄山关守军马上撤退的消息，从而一路追击，先后占领了桐梓和松坎。

在娄山关山顶合影

049

忆秦娥·访谒长征路(一)

红旗烈,访谒长征近半月。
近半月,千山苍翠,万水腾咽。
先烈信念真如铁,我辈承继从头越。
从头越,献身伟业,呕心沥血!

忆秦娥·娄山关感怀(二)

谒先烈,重走长征披星月。
披星月,致敬死难,心情悲咽。
红军精魂铸铜铁,激励吾侪勇超越。
勇超越,建功立业,满腔热血!

【注释】

这是根据毛泽东《忆秦娥·娄山关》韵填的两首词,表达对先烈和前辈所创造的伟业的崇敬和在伟大时代继承和弘扬伟大长征精神、建功立业的豪情。

在“娄山关大捷”石碑前合影

050

一三五九各军团，
布防遵义北东南。
纵横割据数百里，
扩充红军建政权。

【注释】

诗的大意是：中央红军第一、第三、第五、第九军团渡过乌江到达遵义地区后，立即以遵义城为中心，分别布防在北面、南面、东面和东南面，开辟出南北长约两百公里、东西宽约一百公里的根据地雏形，并发动群众，组织建立各级苏维埃政权，并大规模扩充红军。

051

中央开进遵义城，
军民结彩喜相迎。
演剧打球开大会，
标语如海人欢腾。

【注释】

1935 年 1 月 9 日，中央军委纵队开进古城遵义，受到先期到达的红军和当地老百姓的热烈欢迎。在遵义的短短十天时间里，军委纵队组织演出《打倒军阀王家烈》等戏剧，朱德总司令带领将士和当地老百姓打篮球，并且召开大会成立遵义县革命委员会。当然最重要的是在这里召开了具有伟大历史意义的遵义会议。

052

军事转移是与非，遵义会议敞心扉。
博古辩解难服众，主席批驳最权威。
错误路线终纠正，英明领导又回归。
十面围剿今又是，沧海横流展雄才。

【注释】

诗的大意是：对第五次反“围剿”失败、中央红军军事转移以来的是非功过，在遵义会议上需要所有与会者敞开心扉作出客观、公正的总结评价。博古在会议上做的总结报告，强调客观困难，自我辩解的成分居多，没有实事求是地进行分析总结，也没有深入开展批评和自我批评。而在与会其他同志的报告或发言中，毛泽东的长篇发言最系统、全面、深刻，最具说服力和权威性。通过这次会议，博古、李德所代表的“左”倾教条主义得到彻底纠正，而毛泽东的领导地位得以恢复。在遵义会议后，面对薛岳率领的“中央军”以及黔川湘粤桂等地方军阀对遵义发起的大围剿，毛泽东展示出了无与伦比的雄才伟略。

053

黔军师长柏辉章，
半个遵义入私囊。
岂料豪宅变会址，
千秋万代供瞻仰。

【注释】

1. 柏辉章：贵州遵义人，王家烈主政贵州时任国民革命军第二十五军第二师师长。

2. 半个遵义入私囊。指在遵义土生土长的柏辉章是当时遵义城里最大的财主，遵义城里几乎“所有赢利的产业都有他的份”。

3. 岂料豪宅变会址，千秋万代供瞻仰。意指柏辉章做梦也不会想到，他用民脂民膏修建起来的豪宅，会成为中国共产党召开具有伟大历史意义的遵义会议的会址，会成为中国革命的圣地供千秋万代瞻仰。

在遵义会议会址前合影

054

离开遵义到桐梓，
中央军令部署密。
渡江入川定大计，
战术策略说具体。

【注释】

诗的大意是：由于国民党追兵从北、东、南等方向朝遵义城围剿而来，所以在遵义会议后的 1935 年 1 月 19 日，中央纵队（由“军委纵队”改称而来）撤离遵义，于 1 月 20 日到达桐梓。在这里《中央军委关于渡江的作战计划》正式下达，该计划不但确定了渡江入川，与红四方面军会师创建新的根据地的大政方针，而且针对国民党军的围追堵截，把具体的应对战术和策略也讲得十分明确具体。

桐梓长征资料展（局部）

055

蒋公调兵遣将忙，
川江南岸做屠场。
匆匆追剿薛岳部，
处处堵截川滇湘。

【注释】

诗的大意是：蒋介石调兵遣将，妄图将中央红军压缩在四川长江以南以及黔北滇北地区予以消灭。在此过程中，跟在中央红军后面追剿的是薛岳率领的“中央军”，而防守堵截的是川军、滇军和湘军等地方军。

叙永县长征纪念碑

056

中央纵队到梅溪，
遭遇川军郭勋祺。
红五军团破敌阵，
打退顽敌勇无比。

【注释】

1. 梅溪：指贵州北部习水县良村镇梅溪河村。1935 年 1 月 23 日至 24 日，为保卫中央纵队安全，董振堂率领红五军团与川军郭勋祺部在梅溪河发生激烈战斗并取得胜利，这是中央红军第一次与川军遭遇并取得胜利。

2. 郭勋祺：川军将领。1935 年初担任川军旅长时在土城战役中使红三、红五军团遭到重创，从而也使中央红军被迫放弃在贵州北部北渡长江计划。

梅溪河红军烈士纪念碑

057

红军欲占赤水城，
再与川军狭路逢。
化装口音露破绽，
诈取强攻遇顽凶。

【注释】

1935 年 1 月 26 日，红一军团一师、二师奉命攻占贵州北端与四川接壤的赤水县城。由于打听到当地老百姓正在往县城运送供川军宿营用的稻草，所以第一师两个排的红军官兵把枪藏在稻草里，化装成运送稻草的老百姓，远远走在主力部队前面。但就在离赤水县城不远的地方，遇到川军哨卡的盘问，化装红军的非本地口音很快露馅，于是双方的激烈战斗由此拉开。由于川军增援部队源源不断到来，再加上其战斗力十分凶悍，红军在遭遇重大伤亡的情况下不得已撤出战斗，占领赤水县城的目标没有完成。

赤水河红军桥

058

中央北进到土城，误判敌情用重兵。
川军增援破阵地，朱总身先扶危倾。
青杠坡上腥风烈，赤水河中血水浓。
三千英雄壮烈去，红军浴火焕新生。

【注释】

1. 土城：指贵州省习水县土城镇，是中央红军长征途中惨烈的土城战役发生地。1935 年 1 月 26 日，中央纵队到达这里。1 月 27 日，中央军委决定集中优势兵力，在土城附近的枫树坝、青杠坡一带与追击的川军决战。1 月 28 日凌晨，红三军团和红五军团对青杠坡的川军阵地发起攻击，打响土城战役。

青杠坡红军烈士纪念碑

2. 误判敌情用重兵。指中央军委对土城附近敌军兵力严重估计不足，而仓促决定集中“优势兵力”与之决战。

3. 川军增援破阵地，朱总身先扶危倾。指在1935年1月28日青杠坡决战正酣的时候，川军潘佐旅赶来增援，一时间冲破了红军的阻击阵地。朱德总司令为了靠前指挥、鼓舞士气，在这危急时刻带领1000多人的“干部团”到前沿指挥战斗。

4. 青杠坡上腥风烈，赤水河中血水浓。青杠坡是土城战役的主要发生地。这两句极言土城战役之惨烈。

5. 三千英雄壮烈去，红军浴火焕新生。指在土城战役中，中央红军壮烈牺牲3000多人。而接下来在毛泽东“用兵如神”的指挥下，中央红军取得“四渡赤水”战役的胜利，仿佛是从土城战役中浴火重生。

059

重走长征到土城，小镇祥和存古风。
当年血染青杠坡，如今草掩红军坟。
碑林森森望不尽，雕塑惨烈闻腥风。
青春生命千千万，换得四海庆升平！

【注释】

诗的大意是：贵州遵义习水县的土城是一个因航运而兴、因红军四渡赤水而驰名的古镇。1935 年 1 月，毛泽东建议利用这里的有利地形，消灭尾随而至的川军郭勋祺部。1 月 28 日凌晨，红三、红五军团在彭德怀、杨尚昆的指挥下，从土城镇外水狮坝分两路向进占枫村坝、青杠坡地区的川军阵地发起进攻。但由于对敌情的误判，再加上敌军凭借有利地形的抵抗，使得这次战斗异常激烈，红军付出了巨大代价。当我们来到青杠坡革命烈士纪念陵园缅怀时，只见陵园里密密麻麻的墓碑，参观反映当年战斗惨烈状况的雕塑时，仿佛还能闻见血腥味，让人无限感慨——正是当年无数正值青春的红军战士的牺牲，才换来今天四海升平、国泰民安的幸福生活。

060

土城失利走为上，一渡赤水撤退忙。
叙永攻城难奏效，石厢决策变方向。
正月西南天气冷，十二昼夜山路长。
红军进驻扎西镇，鸡鸣三省美名扬。

【注释】

1. 叙永攻城难奏效，石厢决策变方向。叙永：指四川省南部的叙永县城。石厢：指四川省南部古蔺县石厢子。1935 年 2 月 1 日，中央红军一渡赤水后，红一军团二师奉命攻取叙永县城，但叙永县城久攻不下且川军增援不断到达，红军没有按计划攻破该城。1935 年 2 月 3 日，中央纵队来到古蔺县石厢子，鉴于攻取叙永县城的计划没有实现，在川南北渡长江已无可能，中央决定改变由川南北渡长江计划，而是向西到敌军最薄弱的云南威信县扎西镇一带去。

“鸡鸣三省”会议旧址

2. 正月西南天气冷，十二昼夜山路长。指当中央红军一渡赤水，辗转战斗在川滇黔接壤的大山里时，正值 1935 年正月，在从叙永到扎西绵延不绝的陡峭山路上，中央红军顶着严寒整整转战了 12 天。

3. 红军进驻扎西镇，鸡鸣三省美名扬。指中央红军从四川叙永一路向西，最后到达云南威信县扎西镇。该镇有个叫“鸡鸣三省”的地方，后来因长征期间中央政治局在这里开过会而天下闻名。

061

扎西会议不寻常，常委分工虑周详。
博古移交文印挑，洛甫主持党中央。
泽东帮助周政委，指挥军事拿主张。
遵义路线成决议，部队整编战力强。

【注释】

1. 扎西会议不寻常，常委分工虑周详。意指中央红军来到云南威信县后，1935 年 2 月 5 日至 9 日先后召开了中央政治局会议和中央政治局扩大会议，统称“扎西会议”。在中央政治局会议上，讨论并决定了中央常委的分工，推举张闻天代替博古在党内负总责，毛泽东为周恩来军事指挥上的帮助者，博古任总政治部代理主任。随后，在中央政治局扩大会议上，讨论了主力红军撤离后中央苏区的战略方针和组织问题。扎西会议是继遵义会议后中央召开的又一次十分重要的会议，这次会议既是对遵义会议成果的进一步系统化、固化、重申和强调，也是在遵义会议解决军事领导权问题的基础上，进一步解决政治领导权问题，从而进一步确立以毛泽东为代表的正确路线的统一性和稳定性，为遵义会议的历史转折作用进一步提供政治组织保障。

扎西会议会址

2. 遵义路线成决议,部队整编战力强。指扎西会议形成了《遵义会议决议》等一系列重要文件,同时为提高部队战斗力、便于调动队伍,会议决定对军队实行精简缩编,将原有建制的30个团缩编为17个团。

062

红军撤离去远方，敌人还乡报复狂。
杀戮伤兵绝人性，折磨百姓丧天良。
石头过刀草过火，人要换种谷换秧。
掉队遇害小军医，化作菩萨佑夜郎。

【注释】

诗的大意是：红军军事转移一路走来，留在苏区和长征所经之处的伤病员和那些为红军提供过帮助的老百姓，受到了国民党反动政府、军阀以及大财主们的疯狂报复迫害。当时国民党反动政府在中央苏区及红军长征所经之处实行的是“茅草要过火，石头要过刀，人要换人种，谷要换谷种”的白色恐怖政策。中央红军离开遵义城以后，随即占领遵义城的黔军师长柏辉章在遵义城内连续屠杀 3 天，城内六百多人遇害。与此同时，反攻倒算的其他反动组织和地主封山封路、到处搜查，以“杀一个红军伤员或掉队者给一块大洋”的悬赏，大肆捕杀受伤和掉队的红军以及帮助过红军的人。其中，在红军撤离遵义城的前一个晚上，一名红军小卫生员离队为当地老乡看病，回来却发现部队已经撤离

遵义市红军烈士陵园红军坟

了。他在追赶队伍的路上被国民党反动派杀害，当地老百姓偷偷将其掩埋，掩埋他的坟茔被称作“红军坟”。一些老百姓生病，就到“红军坟”边祷告，这样会感觉好一些。于是一传十、十传百，当地的老百姓把这位牺牲的红军小卫生员看成保佑他们的活菩萨，经常祭拜。

063

川军滇军“中央军”，
合围扎西争头功。
红军密杀回马枪，
二渡赤水脱危困。

【注释】

诗的大意是：中央红军到达“鸡鸣三省”的扎西后，北面的川军、西面的滇军和南面的“中央军”纷纷朝扎西合围而来，特别是滇军，希望在消灭红军时像川军一样有“上佳表现”，从而既保护自己的云南地盘，又可以向蒋介石邀功争宠。在这种情况下，中央红军审时度势，秘密向东沿着来路杀了个回马枪，神不知鬼不觉地在四川古蔺县二渡赤水，再次进入贵州北部，从而摆脱了当前困局，赢得了主动，准备再度进占遵义。

二渡赤水时的太平渡渡口

064

红军重返贵州界，
出乎预料王家烈。
母亲贺寿酒正酣，
听闻消息胆欲裂。

【注释】

1935 年 2 月 21 日是王家烈给母亲做寿的日子。恰在这个时候，中央红军二渡赤水，重返贵州北部，这完全出乎王家烈等黔军将领的预料。当手下人将这一消息告诉正在给母亲贺寿的王家烈时，他十分震惊和恐惧，这也使前来祝寿的达官显贵们肝胆欲裂、四散而逃。

065

五九军团去“牵牛”，
一三军团来“宰猪”。
打开“圈门”娄山关，
遵义肥肉饱口福。

【注释】

中央红军再次进入贵州北部后，首先再次轻松占领了桐梓，下一步是再次拿下桐梓以南的遵义。毛泽东号召红军一鼓作气，消灭王家烈和周浑元的主力。他把阻击川军，集中主力消灭王家烈和周浑元的部队形象地比喻为一面“牵牛”一面“宰猪”：“牵牛”就是派出红五、红九军团在桐梓以北阻滞川军追击；“宰猪”就是集中中央红军主力红一、红三军团攻取遵义的北大门娄山关，进而南下再次占领遵义。在这里，如果把王家烈部、周浑元部及其守护的遵义城比作“猪”的话，那么遵义北大门娄山关就是必须首先攻取的“猪圈圈门”。

066

遵义门户娄山关，黔军抢占红军前。
未曾料到“双枪”兵，英勇无敌三军团。
轮番拼杀点金山，拉锯鏖战各战线。
巍巍雄关洗铁血，伟人慷悲赋名篇。

【注释】

诗的大意是：要再次攻占遵义城，就必须通过北面门户娄山关。而抢在中央红军之前，黔军柏辉章部、杜肇华部的4个团已经占领了娄山关。如果不尽快夺取娄山关，中央红军将面临被川军、黔军、“中央军”合围歼灭的危险，所以无论付出多大代价，红军必须攻占娄山关。此时占领娄山关的敌人是被称为“双枪”兵的黔军，未曾料到这次他们的抵抗异常顽强，但是彭德怀率领的红三军团将士更加英勇无敌。不仅娄山关制高点——点金山的争夺拼杀异常残酷激烈，而且娄山关关口以及黑神庙等各条战线的争夺也非常激烈，双方都伤亡

毛泽东的《忆秦娥・娄山关》

巨大。经过两天激烈争夺，红三军团终于攻占了娄山关。1935年2月28日黄昏时分，毛泽东随中央纵队登上了娄山关，有感于战争的惨烈悲壮和革命道路的曲折艰难，创作了《忆秦娥·娄山关》。

067

二占遵义并不难，
邓萍不幸中敌弹。
德怀悲愤攻进城，
买口棺材葬伙伴。

【注释】

诗的大意是：因国民党各路援军未到，所以红军在攻破娄山关，再次攻占遵义城时并没有多大困难。但红三军团参谋长邓萍带领十一团政委张爱萍、参谋长兰国清到遵义城下侦察敌情时，被城墙上射来的子弹击中头部，不幸牺牲。时任红三军团参谋长的邓萍，与时任红三军团军团长的彭德怀是老同志、老伙伴。1928 年 7 月 22 日，邓萍与彭德怀、黄公略、滕代远一起举行了平江起义，起义部队被改编为中国工农红军第五军，彭德怀任军长、滕代远任党代表、邓萍任参谋长。1932 年二十四岁的邓萍被任命为红三军团参谋长，仍然与红三军团军团长彭德怀搭档。邓萍的牺牲，让彭德怀十分悲愤，他在攻打遵义城时下的命令就是“拿下遵义城，为参谋长报仇”。进占遵义城后，彭德怀给邓萍买了一口棺材，在城外安葬了他这位年仅二十七岁的好伙伴。

邓萍同志之墓

068

自信满满吴奇伟，兵强马壮从南来。
两师兵马占要地，一枕黄粱梦正美。
红花岗上遭挫败，老鸦山顶终崩溃。
败将弃兵仓皇遁，雄师得胜不懈追。
队伍溃散如鸟兽，追兵同仇挟风雷。
只怕追兵过浮桥，哪管兄弟葬江水。
一三军团鏖战烈，干部团又显神威。
红军酣畅打胜仗，遵义以来头一回。

【注释】

诗的大意是：正当中央红军再次进占桐梓、夺取娄山关、第二次拿下遵义城南下的时候，国民党“中央军”装备精良、兵强马壮的两个师在第一纵队司令吴奇伟率领下，孤军深入向北反攻遵义。吴奇伟自负地认为，用他的两个师对付朱毛红军绰绰有余。很快红一、红三军团与吴奇伟部在遵义以南的红花岗、老鸦山遭遇。国民党“中央军”火力强大，红三军团十一师坚守红花岗阵地付出了极其惨重的代价，最后还是守住了该阵地。对红花岗的进攻受阻以后，吴奇伟调整兵力向由红三军团十团防守的老鸦山阵地发起猛烈进攻，在十团将士出现极大伤亡、老鸦山阵地将被敌人占领的危急时刻，中央军委命令陈赓领导的干部团参加战斗。恰在此时，迂回而来的红一军团从敌人后面打到了吴奇伟指挥部所在地忠庄铺，而另一侧的红军在击溃黔军后迅速向吴奇伟部合围过来，在这种情况下，吴奇伟终于下令撤退，而红一、红三军团乘胜远距离追击，足足向东追出一百里。吴奇伟仓皇渡过乌江后，在大批国民党兵正涌向浮桥的情况下，下令立即砍断浮桥，完全不顾正在浮桥上的国民党兵跌入滚滚乌江。中央红军与国民党“中央军”的红花岗、老鸦山之战取得的大胜利，是遵义会议以来的第一次，也是毛泽东重新回到军事指挥岗位上的第一次，极大地鼓舞了士气。

069

蒋公突然改命令，
攻势防御观动静。
四面围剿稳推进，
扬长避短更谨慎。

【注释】

诗的大意是：中央红军攻取娄山关、再占遵义城，特别是在与国民党“中央军”吴奇伟部的交战中取得消灭两个师的大胜利以后，蒋介石给刘湘和薛岳发出了部署十分具体的收复遵义的电令，但这一电令被中央红军截获。正是根据截获的蒋介石电令，毛泽东部署了反其道而行的在枫香园、鸭溪一带消灭周浑元部萧致平、谢溥幅两个师的计划。但蒋介石两天后突然全盘否定自己的电令，决定贵州境内的所有国民党军“暂取攻势防御”，同时调动“中央军”和川滇黔湘桂粤各军从四面八方步步为营、稳扎稳打地对中央红军实行围剿。总之，蒋介石吸取了在红花岗、老鸦山失败的教训，变得更谨慎、更狡猾了。

070

八面敌人日迫近，
打鼓新场起论争。
主席再谏终服众，
坚持原则最可敬。

【注释】

诗的大意是：四面八方的敌人日益迫近，但中央军委在究竟要不要打打鼓新场的问题上发生了激烈的争论。对于红一军团军团长林彪、政治委员聂荣臻提出的攻打打鼓新场的建议，除了毛泽东之外，其他的人都赞成。毛泽东认为，按照目前敌军的前进速度，很可能在战斗还没有结束的时候，红军就会被四面赶来的敌军包围起来，使红军陷入非常危险的境地。虽然毛泽东的意见在会上被否决了，但他还是连夜提着马灯再次找到周恩来，让周恩来再想一想，把命令晚一点发。第二天一早周恩来再次召集开会，在这次会上，坚持原则、“虽千万人吾往矣”的毛泽东把大家说服了，这种坚持原则的精神是十分可贵、可敬的。

071

红军强攻鲁班场，
失利对峙多伤亡。
迅速北进茅台镇，
连渡赤水演绝唱。

【注释】

诗的大意是：在明智放弃攻打打鼓新场后，中央红军主力决心攻打由国民党“中央军”周浑元部8个团坚守的鲁班场。但由于武器精良、兵马众多的国民党军顽强抵抗，中央红军在付出1500多人伤亡的代价后，与敌人形成对峙局面。此时，国民党各路军正飞速合围而来。面对如此危机形势，中央军委果断决定放弃鲁班场，立即向北在茅台镇附近三渡赤水，并故意大摇大摆将渡河情况让敌人看到。紧接着，中央军委在派出一个军团的红军佯装主力向川南进军、摆出北渡长江的架势的同时，命令红军主力立即迎着包抄而来的国民党军秘密原路折返，第四次渡过赤水，从而以向敌人相反方向大踏步进军的方式将敌人甩开，就这样一气呵成上演了三渡、四渡赤水的军事绝唱。

红军四渡赤水纪念塔

072

红九军团先“牵牛”，
后扮主力北渡走。
终因无法渡乌江，
暂打游击留贵州。

【注释】

诗的大意是：中央红军二渡赤水重新来到黔北以后，红五、红九军团被部署在桐梓以北阻滞川军追击（即“牵牛”），以掩护红一、红三军团攻取娄山关、再取遵义城、消灭王家烈和国民党“中央军”（即“宰猪”）。在完成“牵牛”任务，红军主力三渡、四渡赤水的时候，红九军团被继续部署在黔北佯装红军主力北进川南渡长江，此时红军主力已经南渡乌江，计划调出滇军，从云南渡过长江。这样一来，红九军团未能随同中央红军主力南下再次渡过乌江，只好进入黔北大山打游击。

073

佯攻贵阳调滇军，
孙渡救驾表忠心。
可怜蒋公惊魂定，
红军西去快如风。

【注释】

诗的大意是：在中央红军从川南北渡长江的计划无法实现的情况下，中央红军第四次渡过赤水，采取“声东击西”“声北击南”之战术，大踏步向云南进军，以摆脱国民党大军的围追堵截。这样做的前提是必须把滇军从云南调出来，而中央军委乘蒋介石到贵阳督战之际，派红一军团二师四团佯攻防守空虚的贵阳的神来之笔，很好地将滇军孙渡部调到贵阳。当惊魂未定的蒋介石明白过来时，中央红军已经快速地朝防守空虚的云南进军了。

074

一九三一七里坪，
红四军立展雄风。
黄安县城苏家埠，
空前大捷建奇功。

【注释】

1931年11月7日，中国工农红军第四方面军在湖北黄安（今湖北省红安县）七里坪正式成立。徐向前任总指挥，陈昌浩任政治委员。红四方面军成立后，对国民党军占领的黄安县城发起猛攻并取得重大胜利，共歼灭敌人15000多人，缴获枪支7000支、迫击炮10多门。两个月后，红四方面军又在黄安以东的苏家埠，经过历时48天的战斗，歼敌300000余人，俘获3个师长和1个旅长，缴获枪支15000多支、手枪1000多把、机枪250挺、山炮4门、电台5部以及大量军需品。红四方面军的兵力由成立时的3万人发展到45000多人。鄂豫皖根据地由此进入鼎盛时期。

七里坪镇——红四方面军诞生地

075

四反“围剿”失地盘，
四方面军入川陕。
敌军六路攻势猛，
空前惨烈战万源。

【注释】

1. 四反“围剿”失地盘，四方面军入川陕。意指红四方面军在鄂豫皖根据地的第四次反“围剿”中失败，不得不留下红二十五军坚持战斗，主力转移到川陕地区，开辟川陕革命根据地。

2. 敌军六路攻势猛，空前惨烈战万源。意指川军集中几乎全部兵力，在近一年的时间里，分两个阶段对川陕革命根据地进行大规模“围剿”。在红4方面军已经失去百分之九十根据地的情况下，万源保卫战胜负关系到川陕革命根据地的生死存亡。在这场长达4个多月空前惨烈的万源保卫战中，红四方面军最后击溃川军，取得胜利。尽管暂时取得了胜利，红四方面军伤亡惨重，由原来的8万多人减少到6万人，从而不得不将原来的15个师缩编为11个师。

万源保卫战纪念碑

076

中央二令形势变，
西渡嘉陵箭在弦。
鸳溪涧溪塔子山，
突击渡江一夜间。

【注释】

诗的大意是：红四方面军之所以决定西渡嘉陵江，是因为他们在 1935 年 1 月 22 日接到了中央政治局及中央军委要求其为了配合中央红军“转入西川”的战略意图而“全力向西线进攻”的命令。但在其后不久，正当红四方面军全力准备西渡嘉陵江，坚决落实中央“全力二份电令，因土城战役失利，中央红军从黔北入川南北渡长江的计划无法实施，所以红四方面军无须执行“全力向西线进攻”的命令。但此时川陕根据地已向西压缩了许多，川军也从东面包抄而来，所以西渡嘉陵江已经“箭在弦上，非进不可”。1935 年 3 月 28 日，在徐向前等将领的高超指挥和广大官兵的英勇奋战下，红四方面军一夜之间拿下塔子山、鸯溪口、涧溪口三个渡河点，从而在川北拉开了一场规模巨大战役的序幕。

红四方面军长征出发地纪念碑

077

历时二十又四天，
强渡嘉陵克八县。
物产丰富兵源广，
但憾国焘弃川陕。

【注释】

诗的大意是：历时24天，在红四方面军发起的强渡嘉陵江战役中，先后向川军第二十八军军长邓锡侯、第二十九军军长田颂尧率兵驻守的北起广元、南至南部的沿江一带发起攻势，并占领南部、阆中、剑阁、昭化、梓潼、平武、彰明、北川8座县城，控制了东起嘉陵江、西到北川、南起梓潼、北至平武的纵横300里的川北广大地区。该地区物产丰富、兵源丰富。总之，红四方面军强渡嘉陵江战役开辟了革命事业发展的全新局面，但遗憾的是，张国焘放弃了川陕革命根据地。

红四方面军嘉陵江战役路线图

078

湘鄂联军十余万,
进攻防堵来不善。
陈家河镇宣恩城,
二六军团凯歌还。

【注释】

诗的大意是:1935 年 2 月,为了防止贺龙、任弼时等领导的红二、红六军团与中央红军配合和会师,蒋介石集结湘鄂两省共计 11 万大军,对总兵力只有 11000 余人的红二、红六军团采取进攻和围堵两种方式进行大规模“围剿”。在转移游击过程中,红二、红六军团先后取得了陈家河遭遇战和宣恩县城围点打援战的巨大胜利。但由于红二、红六军团一直没有巩固的根据地,再加上活动区域人口稀少、物资缺乏,所以必须想办法转移。

陈家河大捷纪念碑

079

豫陕边界庚家河，二十五军险覆没。
海东头部穿子弹，子华手掌伤炮火。
焕先冲上最前线，官兵决死拼胆魄。
生死交情铸姻缘，白头偕老相濡沫。

【注释】

诗的大意是：在中央红军长征出发两个月左右时，红二十五军正在豫陕边界艰难辗转。1935 年 12 月 10 日，正当红二十五军领导在豫陕交界的庚家河镇临时召开中共鄂豫皖省委第十八次常委会的时候，突然遭到国民党军第六师的袭击和包围。此时天降大雪，寒风呼啸。军长陈子华在用望远镜观察指挥时，手被敌人的子弹打穿；副军长徐海东在指挥作战时，一颗子弹从他的左眼下面射进、从后颈穿出，从而陷入深度昏迷。徐海东受伤后，军政委吴焕先冲上去接替徐海东指挥作战，全军将士都以决死的气魄与敌人鏖战。黄昏时分雪更大了，敌人终于无法支撑而撤退了。在徐海东昏迷和治病期间，得到女战士周东屏悉心、温暖的照顾，他们因此而互生爱慕，结为伉俪，相濡以沫一生。

080

红军离黔入滇境，
敌机跟随轰炸紧。
掩护伤员钟赤兵，
子珍受伤危性命。

【注释】

1. 诗的大意是：四渡赤水后，中央红军主力快速由贵州向云南挺进。这时国民党军地面上围追堵截的部队被远远甩在了后面，所以只能通过飞机跟随轰炸。1935 年 4 月 23 日，就在中央红军从贵州进入云南的时候，贺子珍为掩护在夺取娄山关战斗中负伤的钟赤兵而被敌机炸成重伤，几乎危及性命。后来虽然经过治疗保住了生命，但这次受伤对她一生的健康造成十分严重的影响。

2. 钟赤兵：1935 年 2 月 26 日红三军团攻取娄山关关口时担任十二团政委。当时十二团承担正面主攻任务，在攻取黔军指挥所黑神庙的战斗中，钟赤兵不幸身受重伤，后来到修养连被抬在担架上行军。

081

沾益曲靖两围点，只等安旅来救援。
纵然龙云精算计，更有良机在眼前。
张松献图意外喜，薛岳贪礼眼欲穿。
林聂又提新建议，泽东运筹金沙边。

【注释】

诗的大意是:中央红军西进云南之后，滇军与国民党“中央军”尾随而至。因此，中央军委决心以围点打援、设置埋伏的方式坚决歼灭滇军安恩溥旅(即“安旅”)。1935年4月26日，红三军团一部包围了沾益县城，红一军团先头部队包围了曲靖县城，中央红军主力则埋伏在通往县城的交通要道上。但在此时，精于算计的云南省政府主席、滇军首领龙云突然命令安恩溥旅主力立即脱离红军南下，火速返回昆明。这样中央红军虽然失去了歼灭滇军的机会，但龙云的调动使得滇东金沙江边的兵力空虚，为红军渡过金沙江提供了千载难逢的机会。中央红军通过沾益和曲靖之间的公路不久，又截获了龙云给“中央军”送礼的车队。在这些礼物中，除了云南白药、普洱茶、火腿之外，还有10张精确到十万分之一的云南省作战地图，这对中央红军而言是无价之宝，其意义不亚于三国时期的“张松献图”。就在这个时候，红一军团军团长林彪、政治委员聂荣臻继前面提出的攻打打鼓新场的建议后，又向中央提出经东川渡过金沙江的建议。在此建议的基础上，毛泽东就中央红军渡过金沙江作出周密部署。

082

红军佯装逼昆明,滇军回援江防空。
官兵飞奔抢渡口,大河汹涌路不通。
浮桥流急架不起,龙街洪门返无功。
大军齐聚皎平渡,七条小船建奇功。

【注释】

诗的大意是:为了将驻守金沙江等处的滇军调开,中央军委派红一军团一师为右翼、二师为左翼,攻击崇明县城,然后继续南下逼近昆明。在占领崇明县城以后,红一军团立即派出部队配合红五军团逼近昆明,一直到达距昆明只有50公里的杨林。同时,到处张贴"打倒军阀龙云""占领昆明"等标语。在这种情况下,龙云急调滇军主力回援昆明。此时,红一军团、红三军团以及中央纵队正在昼夜不停地分别飞速向金沙江龙街渡口、洪门渡口以及皎平渡口进军。由于江流太急,红一军团和红三军团在龙街渡口和洪门渡口架浮桥的努力都失败了,而且渡口又无船可用,于是他们按照中央军委命令,向皎平渡口会合。在皎平渡口,中央纵队千方百计地找到了7只小船,正是凭借这7只小船,三四万大军成功渡过了金沙江,担任殿后阻击任务的红五军团在胜利完成阻击任务后,也在皎平渡口渡过了金沙江。这次渡江使中央红军摆脱了国民党几十万大军的围追堵截。

在皎平渡红军长征渡江
纪念馆前合影

083

掉队游击九军团，三战二捷转滇黔。
巧妙取胜老木孔，麻痹大意猫场弯。
光耀桑梓罗炳辉，英武善良乡亲传。
四十小船渡金沙，跳出敌人包围圈。

【注释】

诗的大意是：为了配合中央红军四渡赤水向西挺进，红九军团没来得及渡过乌江赶上主力部队，只能遵照中央军委指示留下来打游击。在转战黔北、滇北的40多天时间里，红九军团三战二捷。老木孔战役采取埋伏打敌人指挥部的策略，毙伤国民党军200余人，俘1800余人，击溃敌军5个团。但由于麻痹大意，再加上作战地形十分不利，突如其来的猫场战役使红九军团遭到重创，伤亡400余人。而在东川战役中红九军团又缴械民团1000余人，扩红2000余人。军团长罗炳辉是云南人，曾担任滇军营长，1929年在江西率部起义加入中国工农红军。他这次领兵回到家乡云南，很受当地老百姓的欢迎和支持。1935年5月5日在会泽县盐井坪渡口渡过金沙江时，当地老百姓为他们提供了40多条木船，从而有惊无险地渡过了金沙江，从此也跳出了国民党大军的围追堵截。

红九军团菜籽坳战斗胜利纪念碑

084

四军西进多高峰，官兵攻坚破土门。
伏泉千佛观音险，川军严阵封锁紧。
将士拼杀开血路，二六五团猛如神。
此役川西开新面，两军会师露光明。

【注释】

诗的大意是：西渡嘉陵江战役胜利结束后，就在中央红军渡过金沙江的时候，红四方面军又发起了向川西进军的土门战役。红四方面军一出江油，便进入了干沟、土门和土地岭一线，这是一条极其狭长的道路，两边山势陡峭、处处险关，伏泉山、千佛山、观音梁子等山峰海拔都在2000米以上。红四方面军要打通西进路线，就必须在这里与严阵以待的川军打一场攻坚战。在攻克伏泉山、千佛山、观音梁子的战斗中，红四方面军将士英勇突击、血战冲锋，战况极其惨烈，其中最能克服千难万险、神勇无比、出其不意地出现在攻击敌人关键部位的，是善于“搭人梯、登悬崖、攀绝壁”的八十八师二六五团，他们在整个攻坚战中起到了关键作用。红四方面军取得土门战役的胜利，开创了川西革命事业新局面，使中央红军与红四方面军的会师曙光初现、不可阻挡。

千佛山战役纪念碑

085

红军渡江攻会理，守将放火杀人急。
无数民宅化灰烬，众多无辜祭战旗。
红军赶路不恋战，残贼侥幸得喘息。
美丽古城变废墟，恶魔获赏又晋级。

【注释】

诗的大意是：渡过金沙江后，1935 年 5 月 9 日，中央红军野战司令部发出攻占会理县城的命令，红九军团在金沙江边阻击渡江之敌，红一、红五军团负责消灭敌军增援部队，红三军团和干部团负责攻城。从金沙江溃退而来、驻守会理城的川军旅长刘元瑭负隅顽抗。他首先下令点燃了城门附近的两条街道，大火整整烧了两天，又残杀了许多无辜的士兵和老百姓。红军攻击的重点是会理县城的西北角，并一度将城墙炸开一个缺口，但由于敌人极其顽强的抵抗，冲进城的红军官兵全部壮烈牺牲。5 月 15 日晚，中央红军撤出战斗离去，这使罪恶累累的刘元瑭侥幸逃过一劫。尽管刘元瑭放火焚城把会理县城变成一片废墟，但因其“守城有功”而受到蒋介石的重赏和提拔，晋升为中将。

在红军过会理纪念碑前合影

086

围追堵截难脱险，
红军游击绕路远。
山水险绝披星月，
官兵艰辛有怨言。
巧渡金沙胜雄辩，
会理会议解疑烦。

【注释】

诗的大意是：遵义会议以后，面对敌人的围追堵截，中央红军为了取得胜利，在毛泽东等中央领导的率领下采取了更加灵活机动的战略战术——有时向东，有时向西，有时走大路，有时走小路，有时走老路，有时走新路——经常转移作战地区。但是包括高级将领在内的许多官兵并不懂得其中奥秘，常常抱怨走了很多“弓背路”“冤枉路”。中央红军巧渡金沙江、摆脱国民党几十万大军围追堵截的事实证明了灵活机动的战略战术的必要性和正确性。中央红军渡过金沙江后及时召开的会理会议起到了解疑释惑、统一思想认识的重要作用。

在会理会议纪念地前合影

087

昔日下属许剑霜，
伯承修书多商量。
轻松拿下德昌城，
物资丰富多给养。

【注释】

诗的大意是：中央红军离开会理北上，遇到的第一个城市是德昌。当时率军驻守德昌的是刘伯承在川军任第一路前敌指挥时的下属团长许剑霜。为了减少红军北上的阻力和牺牲，刘伯承给许剑霜写了封信，奉劝许剑霜不要与红军为敌，给红军让出通道。1935 年 5 月 16 日黄昏，当中央红军的先遣部队到达德昌城外围时，许剑霜只是象征性地打了几枪就撤退了，红军顺利进入德昌城。德昌城物资丰富，后续中央红军在这里休整两天，获得大量给养。

088

红军逼近西昌城,
刘氏兄弟鸟惊弓。
可怜繁华商业街,
纵火焚烧化烟尘。

【注释】

诗的大意是:中央红军北上逼近川西南重镇西昌城的时候,驻守这里的川军军阀刘元璋、刘元琮兄弟如惊弓之鸟。早在中央红军的先头部队距西昌城还有30里的时候,他们就下令焚烧了城南外围、绵延两三里长的繁华的商业街。然而红军并没有进攻西昌城,直接从距离该城大约15里的地方向冕宁县泸沽镇方向进军。刘氏兄弟这种未受到攻击而直接纵火焚城的罪恶行径,受到当地士绅和老百姓的猛烈抨击,纷纷要求他们赔偿损失。

089

前往大渡选小路，山高水险人不睦。
彝海结盟千古颂，飞夺泸定鬼神哭。
翼王有名难展翼，红军无翅能飞渡。
蒋公又悲黄粱梦，天堑奈何真丈夫？

【注释】

1. 前往大渡选小路，山高水险人不睦。人不睦：指当时彝族、汉族之间存在的民族矛盾。红军绕过西昌城，到达泸沽镇后，这里有大小两条去往大渡河的路：一条是经越西县到大树堡渡口的大路；一条是经冕宁县通过彝区到安顺场渡口的小路。较之于大路，小路不但崎岖难行，而且彝区不准汉人通过。

2. 彝海结盟千古颂，飞夺泸定鬼神哭。翼王有名难展翼，红军无翅能飞渡。意指中央红军在经过彝区的时候，严格执行民族政策感动了彝人，最终成就了“彝海结盟”的千古传奇。而由团长黄开湘、政委杨成武直接指挥的红一军团二师四团，在天下大雨的情况下，一昼夜在崎岖陡峭的山路上奔袭240里，按时到达泸定桥西岸，并在敌人的疯狂扫射阻击下爬过十三根铁索，成功夺取泸定桥。这一惊天地泣鬼神的英雄壮举，不由让人抚今追昔地感叹：当年的石达开虽然被封为“翼王”，但他面对天堑有“翼”难展；而英勇无畏、能够战胜一切艰难险阻的红军却能够“飞渡”一个又一个天堑、创造一个又一个奇迹。

090

红军长征过彝乡，巧化干戈路通畅。
讲策尊俗严守纪，忍劫受辱不开枪。
释疑消恨明大义，推心置腹显衷肠。
彝海结盟千秋颂，民族关系谱华章。

【注释】

1935 年 5 月，中央红军长征需要穿越四川冕宁大凉山一带的彝族聚居区。由于历史上反动统治阶级实行民族压迫政策，聚居在这里的彝族同胞对汉人有很深的猜忌和敌视。为了顺利通过彝区，刘伯承在先遣部队中开展了党的民族政策教育。5 月 21 日，红军先遣部队被彝民堵住去路，刘伯承与彝族沽鸡家支首领小叶丹在彝家海子边会谈。刘伯承介绍了红军的宗旨、任务、纪律以及主张彝汉平等的民族政策，小叶丹表示愿与刘伯承结为弟兄。随后举行了庄重的结盟仪式，刘伯承与小叶丹歃血为盟，并成立了中国彝民红军沽鸡支队。“彝海结盟”成为中国共产党正确执行民族政策的光辉典范和千古佳话。

091

轻云缠绵绕翠峰，大河日夜怒奔涌。
康熙提名驭化外，红军传奇耀古城。
勇士壮举烁铁链，我辈长涉谒英雄。
茶马古道一重镇，楼高旗艳绽新容。

【注释】

康熙提名驭化外，红军传奇耀古城。意指康熙御笔题写的“泸定桥”三个大字，表明当年如此偏远的地方都纳入中央的统治和教化。1935 年 5 月 29 日，红军“飞夺泸定桥”，在这里创造了惊天地泣鬼神的历史传奇。

在泸定桥前合影

092

驱车蜀道上高山，
祥云如梦笼尘寰。
红军长征越横断，
唯此美景犒万难。

【注释】

诗的大意是：从泸定到天全，我们一路行进在“横断山”的蜀道上。车盘山而行，车窗外青山连绵，白云悠悠，如诗如画。由此想到，当年历经千难万险、千辛万苦的红军经过这些地方的时候，除了这无限美景，再无任何东西酬劳他们。

横断山风景

093

二郎山后夹金山，战罢阻敌战自然。
峰高鸟雀难飞过，氧稀神仙易晕眩。
衣单喝碗辣椒水，气短拄根枯树干。
任尔一路多死难，风卷红旗豪气轩。

【注释】

诗的大意是：在顺利渡过大渡河后，中央红军战胜沿路阻敌，翻越二郎山，对人迹罕至的大雪山——夹金山发起挑战。按照当地老百姓的说法，大雪山连鸟儿都飞不过去，更何况人，除非红军是神仙。具有革命英雄主义、乐观主义、浪漫主义的红军战士说："我们就是神仙，我们一定要翻过这座雪山。"为了御寒，他们每人喝一碗辣椒水；为了助力，他们每人拄根枯树干。虽然一路上有战士跌入深谷、有战士累极蹲下休息再也没有起来，但无数红旗飘扬在了人迹罕至的雪山之巅，红军又一次创造了伟大奇迹……

在雅克夏雪山工农红军烈士纪念碑前合影

094

历尽艰辛到达维,
两军会师笑颜开。
战略方针难一致,
懋功会议笼阴霾。

【注释】

1. 诗的大意是:自 1934 年 10 月以来,中央红军历尽千辛万苦、付出巨大牺牲,终于 1935 年 6 月在川西懋功县达维镇与红四方面军先头部队胜利会师,这令中央红军和红四方面军无比喜悦幸福。但两军会师后,张国焘对中央提出的"占领川陕甘三省,建立三省苏维埃政权,并于适当时期以一部组织远征军占领新疆"的战略方针提出异议,不但不同意红军向东或向北发展的战略,反而提出了向西南更荒凉地区发展的设想。这种中央领导层和红四方面军主要领导人张国焘之间的战略分歧,为在懋功召开的两河口会议及以后红军的行动和发展蒙上了挥之不去的阴影。

2. 懋功会议:指在懋功县两河口镇召开的中央政治局扩大会议,史称"两河口会议"。

在达维会师桥合影

095

两军首脑终聚首，
召开会议两河口。
纵使国焘存异见，
北上方针定案头。

【注释】

1936 年 6 月 26 日，毛泽东等中央领导和张国焘等红四方面军领导在懋功县两河口召开中央政治局扩大会议，会议最后通过了《中共中央政治局决定——关于一、四方面军会合后的战略方针》。该方针确定了周恩来代表中央所作的战略方针报告，提出北上向川陕甘方向发展，创建川陕甘根据地，否定了张国焘的南下或西进的错误主张。

在两河口会议纪念馆前合影

096

川西贫瘠筹粮难，大军挨饿多茫然。
路线斗争失战机，草地诡谲多凶险。
水草丛丛藏陷阱，野菜油油生毒泉。
长征一路多鬼关，此地阎王最凶残。
当年倒下做路标，今朝树碑擎苍天。

【注释】

诗的大意是：红一、红四方面军会师的懋功县及周围地区土地贫瘠，十万大军很难筹到必要给养，一直处于极其严重的饥饿状态。但在此严峻形势下，张国焘一方面向党中央要权，另一方面在北上还是南下的战略方针上与中央争论不休，并最终分道扬镳。中央红军不得不在粮食等补给十分缺乏的情况下过死亡之地——川西茫茫的松潘草地。草地里天气变幻无常，处处淤泥陷阱，很多野菜有剧毒不能食用，许多战士被陷阱吞噬或饿病而亡，以致沿路死亡士兵尸体成了后续部队艰难前进的"路标"。红军长征一路走来遇到了无数难以想象的艰难险阻，付出了巨大的牺牲，是我们今天缅怀纪念的丰碑！

097

将士断粮难充饥，
彭总忍痛杀坐骑。
全部皮肉送部队，
自己决不吃点滴。

【注释】

诗的大意是：进入草地后不久，彭德怀也断粮了，刚开始还可以用野菜充饥，但很快什么东西都找不到了。彭德怀命令将他的坐骑和其他 5 头牲口全部杀掉，以解燃眉之急。在亲自督促杀完 6 头牲口后，彭德怀头也不回地走了，并说自己不吃，军团部的人也不许吃，把肉全部送给部队。

过日干乔大沼泽前的合影

098

右军终于出草地，包座遇敌未喘息。
向前请缨挑重担，友钧冲锋成烈士。
围点血染两寺庙，打援消灭一整师。
凯歌高唱鼓士气，打开通道保大计。

【注释】

1. 右军：指右路军。中央军委根据敌情变化，决定放弃“松潘作战计划”，转为攻取甘肃南部的夏河、洮河流域，制订了“夏洮战役计划”。为了顺利实施这个新计划，中央军委将红军混编成左、右两路军。左路军由朱德和张国焘率领向阿坝方向开进，右路军由徐向前、陈昌浩率领向班佑方向开进。中共中央和中央军委随右路军前进。

包座战役纪念碑

2. 向前：指时任红军前敌总指挥徐向前。友钧：指时任红军第四军第十师师长王友均。

3. 1935 年 8 月 21 日，右路军离开毛尔盖，陆续进入茫茫松潘草地，历经千难万险走出草地立足未稳之际，遇到了胡宗南驻守包座的守敌及其增援部队。为了尽快脱离险境、打开进入甘南的通道，徐向前主动请缨，率领红四方面军的红三十军和红四军发起了包座战役。他们采取围点打援的策略，包围了大戒寺和求吉寺两座寺庙，消灭了伍成仁率领的来援之敌第四十九师。在攻打求吉寺的过程中，王友均壮烈牺牲。红军走出草地后的第一场战役——包座战役的胜利，极大地鼓舞了红军士气，打开了进入甘南的通道，保证了北上战略方针的顺利实施，因而具有十分重要的意义。

099

中央随军到俄界，
召开会议论分裂。
所做决定放眼量，
力促团结共大业。

【注释】

包座战役取得胜利后，中共中央随军来到一个叫俄界的甘南小村（甘肃省迭部县达拉乡境内的一个藏族村）。第二天（1935 年 9 月 12 日）在这里召开了政治局扩大会议，史称“俄界会议”。俄界会议上，毛泽东作了《关于同张国焘的争论及今后战略方针》的报告，坚持既定的北上战略方针，决定将红一、红三军团和军委直属纵队改为中国工农红军陕甘支队，继续北上。会议通过了《关于张国焘同志的错误的决定》，并再次电示张国焘，要他改正错误，率部北上。俄界会议对张国焘的错误作出的决定，是着眼长远、冷静理性、留有余地的，这也在很大程度上体现了中央领导层的成熟和英明——处理不是目的，促进团结、共创大业才是真正的目的。

在俄界会议纪念碑前合影

100

谁家健儿七百多，
在此沉睡成雕塑？
长征一路多悲痛，
都向热曲河边哭！

【注释】

诗的大意是：1935 年 8 月 28 日，红三军团主力走出草地到达阿西牙弄一带休整，彭德怀命令十一团政委王平率一个营返回草地，接应滞留在热曲河那边的红军战士。当王平率队走到河边时，看见对岸至少有七八百人，背靠背坐着，一动不动。过河后才发现，这些战士都已牺牲！这是长征过草地有史料记载牺牲人数最多的一次。红军长征一路走来有许多感天动地的故事。当听到这个故事后，我们忍不住将一路感动的泪水都洒在了这里！

红军班佑烈士纪念碑和“胜利曙光”雕塑

101

二十五军不寻常，缺将少兵战力强。
坚持游击信念坚，北上策应胸襟广。
西兰公路等中央，王母宫塬失首长。
孤军转战先入陕，长征胜利放曙光。

【注释】

诗的大意是：红四方面军主力撤出鄂豫皖苏区后，留下来坚持游击战的是只有两三千人的红二十五军。这支缺将少兵、力量单薄的“孤军”在吴焕先、徐海东等将领的率领下，先是在鄂豫皖坚持打游击，随后北上转战河南、陕西、甘肃、宁夏等省，率先到达陕北与刘志丹、谢子长等率领的红二十六、红二十七军会师。在北上转战期间，为了策应和迎接中央红军，红二十五军在西兰公路一带与国民党马鸿宾部进行了长达 18 天的周旋鏖战。在十分惨烈的泾川县王母宫塬战斗中，时任鄂豫皖省委书记、红军最年轻的军政委吴焕先同志壮烈牺牲，年仅 28 岁。随后，这支长期“孤军奋战”的队伍在徐海东、陈子华等率领下，于 1935 年 9 月 15 日在陕西省延川县永坪镇与陕北红军胜利会师，给中国工农红军长征胜利送来第一缕曙光。

102

由蜀入甘行路难，壁峭流急栈道悬。
最是天险腊子口，敌布重兵封锁严。
正面进攻白送死，两侧绝壁猿愁攀。
中央红军临绝境，幸有战士云贵川。
从小采药成绝技，今朝危难大施展。
长竿铁钩登峭壁，垂下吊绳牵同伴。
天兵突占制高点，敌堡无顶落炸弹。
上下配合发总攻，惊天泣鬼夺天险。
可怜败将鲁大昌，转眼残兵散如烟。
长征路上多传奇，闯关夺隘第四团。

【注释】

诗的大意是：红军长征从四川北部进入甘肃南部，道路十分危险难走。两岸悬崖峭壁只见一线天，深谷急流轰鸣，时有滚石溅起浪花，而半空中的狭窄栈道，很多地方的木板已被地方守军拆除。由四川进入甘肃最大的“拦路虎”是天险腊子口，它仿佛一座大山被巨斧劈成两半，山口只有 30 多米宽，是一条由两岸绝壁构成的长廊，湍急的腊子河从中流过。在腊子口前沿的两山之间架着一座木桥，要通过腊子口就必须从这座桥上过去。敌军鲁大昌部以 3 个团的重兵在这一带扼守。在这种情况下，由王开湘、杨成武率领的红四团从正面组织的攻击都遭到惨烈失败。这时陆续涌向这里的中央红军面临南下道路被堵死、北上道路打不通的绝境，所以必须拿下腊子口。在红四团召开的士兵大会上，一名从贵州入伍的人称“云贵川”的小战士擅长攀爬绝壁，于是在猛烈的正面进攻掩护下，“云贵川”神不知鬼不觉地爬上了悬崖，并放下绳子，拉上去好多战士占领制高点，并向没有顶盖的敌人碉堡猛烈轰击，同时，红四团发起了总攻，最终拿下了腊子口，并一举击溃鲁大昌守军，打开了中央红军北上的生命通道。红军长征一路走来，在对乌江、金沙江、大渡河、大草地、腊子口等的攻坚克难、闯关夺隘中，具有光荣传统的红四团始终处在开路先锋的位置。

腊子口战役纪念馆

103

红军到达哈达铺，
洗浴休整酒肉足。
主席读报获大喜，
陕北红旗耀黄土。

【注释】

诗的大意是：夺取天险腊子口以后，中央红军很快来到物资丰裕的甘肃省宕昌县哈运铺镇。在这里，他们不但能够“像过年一样”放开量地吃肉喝酒，而且还能痛痛快快地洗澡、理发讲一番卫生。但对毛泽东而言，他更需要“精神食量”，所以红一军团侦察连连长梁兴初和指导员曹连德给毛泽东搜集了许多图书和报纸。在1935年七八月份的几张旧的《大公报》上，毛泽东了解到刘志丹、徐海东等领导的陕北红军发展情况和根据地发展情况，从而为长达一年、九死一生的中央红军长征找到了目的地和落脚点，哈达铺镇因此被称为“决定中国工农红军长征命运的重要决策地”。

红军长征哈达铺纪念馆

104

榜罗重镇鸣鼓锣，
长征终于有着落。
建基陕北从头越，
革命抗日救中国。

【注释】

1. 榜罗重镇鸣鼓锣，长征终于有着落。意指甘肃通渭的榜罗镇对红军而言是最应该鸣锣打鼓庆贺一番的地方，因为中央红军九死一生的二万五千里长征终于有了落脚点。

2. 建基陕北从头越，革命抗日救中国。建基陕北：指建立陕北革命根据地。1935 年 9 月 26 日，由中央红军改编的陕甘支队到达甘肃省通渭县榜罗镇。9 月 27 日召开了由毛泽东、张闻天、周恩来、王稼祥、秦邦宪等 5 人参加的中央政治局常委会议。会议按照毛泽东在哈达铺提出的“到陕北去”的行动计划，在分析了国内、国际形势，进一步研究红军落脚点问题之后，正式决定并

在甘肃通渭榜罗镇会议纪念馆前合影

宣布改变俄界会议确定的关于到靠近苏联的地方建立根据地、打通国际路线的战略方针，作出把红军长征的落脚点放到陕北的重大决策，到陕北去与红二十五、红二十六军会合，巩固和发展陕北革命根据地，为胜利结束长征、开辟以陕北苏区领导全国革命的新局面迈出了关键性的一步。

105

红旗卷过六盘山，
青石嘴村凯歌旋。
敌人胯下夺战马，
组建骑兵驰高原。

【注释】

诗的大意是：榜罗镇会议以后，陕甘支队在通渭县城稍做停留，便很快翻过长征最后一座高山——六盘山。在山下的青石嘴村，遇到了东北军的骑兵，因为刚到该村驻防的东北军第七师十九团事先没有得到任何红军已经翻过六盘山的消息，其一连和三连初来乍到没有任何防备，被突然降临的红军冲垮，四处逃散。战斗只进行了半小时，红军不但缴获了大量子弹、军装和布匹，而且缴获了两个骑兵连的上百匹战马。毛泽东建议就此成立红军的骑兵部队，由梁兴初任骑兵连第一任连长。自此，红军自己的骑兵队伍驰骋在黄土高原上。

六盘山红军长征纪念碑

106

清平乐·登临六盘山

云低雨细，盛夏爽天气。
登临六盘访胜迹，重走胜利如期。
不辞山深路险，拜谒万墓千馆。
一路英气洗礼，熔铸道义铁肩。

【注释】

1. 这首词是有感于毛泽东词作《清平乐·六盘山》而作。
2. 重走胜利如期：意即我们的“访谒长征路”按计划胜利完成。

在六盘山合影

107

中央到达吴起镇，
敌兵尾随来送命。
将士智勇取大胜，
主席诗赞彭将军。

【注释】

1935 年 10 月 19 日，中央红军（在哈达铺改编为陕甘支队）到达长征的终点——陕北吴起镇。但很快得到情报，东北军和马鸿宾的骑兵部分共 4 个团已经追了上来，就要到达吴起镇了。在毛泽东亲自运筹和彭德怀指挥下，红军在这次“切尾巴”战役中共歼灭敌军 1 个团、击溃 3 个团，缴获包括两百多匹战马在内的许多战利品。战斗胜利结束后，毛泽东挥笔写下了“山高路远坑深，大军纵横驰奔。谁敢横刀立马？唯我彭大将军”。

彭德怀同志铜像

108

国军围剿八面来，
陕北杜衡搞迫害。
幸有中央救星到，
刀下留人保英才。

【注释】

诗的大意是：刘志丹等领导的陕北红军与徐海东等领导的红二十五军陕北会师后，在这块面积不大的根据地外围数十万国民党军从四面八方围剿而来。在这种严峻局面下，时任中共陕西省委书记的杜衡（后来叛变）正在大搞“肃反运动”，残酷迫害干部，包括时任红十五军团（1935 年 9 月由红二十五军、红二十六军、红二十七军合编而来）副军团长兼参谋长的刘志丹和时任陕甘边区苏维埃主席的习仲勋在内的许多高级军政干部面临即将被杀头的危险。中央到达陕北后，马上派代表赶赴瓦窑堡，勒令杜衡立即停止“肃反运动”。就这样，刘志丹等同志在中央“刀下留人”的命令下走出关押室，见到了毛泽东、周恩来等中央领导。

109

深秋陕北天气寒，海东飞马下寺湾。
会师喜见主席面，助困乐捐箱底钱。
支持中央垂风范，顾全大局促改编。
革命功臣徐老虎，关键时期树标杆。

【注释】

诗的大意是：1935 年 10 月 30 日，毛泽东率领的红军陕甘支队离开吴起镇前往下寺湾一带与徐海东领导的红十五军团主力会师。徐海东得到消息后，立即从前线飞马直奔下寺湾与毛泽东见面。当毛泽东因为陕甘支队初来乍到各方面比较困难而向徐海东借款时，徐海东立即从红十五军团仅有的 7000 多块钱中拿出 5000 块给陕甘支队送去；在中央开会讨论红军改编问题时，徐海东总能顾全大局坚决支持……这一切与张国焘形成鲜明对比。徐海东之所以受到毛泽东的高度信任和赞扬，还因为他从鄂豫皖苏区一路走来，带领红二十五军这支“孤军”创造的许多奇迹以及在后来的抗日战争、解放战争中一贯的、卓越的表现，这一切也成就他“徐老虎”的威名。毛泽东后来这样评价徐海东：“他是对中国革命有大功的人”。

110

拥兵南下张国焘，另立中央卓木雕。
分裂自立难服众，沐猴而冠火上烤。
七座山城聊自负，百丈关前倍煎熬。
风雪弥漫寒冬到，关山苍黄前路渺。

【注释】

张国焘执意违背中央既定的北上战略方针，蛮横命令左路军和徐向前、陈昌浩率领的红四方面军南下。1935 年 10 月 5 日，张国焘在四川省理番县卓木雕召开高级干部会议，会上公然另立党的“中央”“中央政府”“中央军委”“团中央”，宣布“毛泽东、周恩来、博古、洛甫应撤销工作，开除中央委员及党籍，并下令通缉”，对杨尚昆、叶剑英免职查办。12 月 5 日，张国焘发电报狂妄地要求中共中央“不得再冒用党中央名义”，只能称北方局，中华苏维埃共和国中央政府、红一方面军也只能称陕甘政府和北路军。至此，张国焘分裂党和红军的行动发展到肆无忌惮的地步。张国焘另立“中央”后，先后组织实施了“绥丹崇懋战役计划”和“天芦名雅邛大战役计划”。总体而言，第一个战役计划完成得

红军百丈关战役纪念馆

比较顺利，占领了川西广大山区。但第二个战役计划在胜利攻取宝兴、芦山、天全三座县城后，在接下来的百丈关战役中遇到了川军顽强的抵抗，战斗极其惨烈，在7天的战斗中双方官兵伤亡达2万多人。而此时国民党的各路援军不断赶来，红四方面军再继续坚持战斗便有全军覆没的危险，最终不得不撤出战斗。百丈关战役的失败，彻底阻断了张国焘坚持南下的道路，也充分证明了其南下方针是错误的。时值11月下旬的寒冬天气，四川西部风雪弥漫，跟着张国焘南下的红四方面军处境艰危、前途渺茫。

111

湘鄂川黔根据地，二六军团勇开辟。
未见中央来会师，但遭重兵围剿急。
突围二度下黔境，转战滇北上川西。
血战千山和万水，喜逢四军在甘孜。

【注释】

萧克率领的红六军团与贺龙领导的红二军团在湘西会师后，不断发展壮大，开辟了湘鄂川黔根据地。1934 年 10 月中央红军从江西出发伊始，目标就是到湘西与贺龙、萧克率领的红二、红六军团会师，但这一目标最终未能实现。而红二十五军到达陕北与陕北红军胜利会师、中央红军在四川懋功与红四方面军胜利会师后，在国民党统治区腹地活动的就只剩下创建湘鄂川黔根据地的红二、红六军团。所以蒋介石调集 30 多万兵力（是红二、红六军团兵力的 15 倍）下决心将其围剿消灭。在这种情况下，红二、红六军团在贺龙、任弼时、萧克等领导下进行突围转移，二度来到贵州并在贵州的黔西、大定、毕节创建黔大毕根据地。但由于强大敌人的追剿，该根据地只存在很短的时间便放弃了。紧接着红二、红六军团按照朱德等的建议，由云南北部渡过金沙江，翻过雪山，历尽千辛万苦，最终在 1936 年 6 月下旬与前来接应的红四方面军在四川甘孜地区胜利会师。

112

一意孤行终碰壁，无奈北上多顾忌。
三过草地多损兵，久攻岷县难克敌。
旧病复发欲西渡，做贼心虚枉算计。
螳臂岂能挡大势，会宁欢歌耀红旗。

【注释】

诗的大意是：张国焘不听中央反复劝告，不顾朱德、刘伯承等的强烈反对，一意孤行地坚持南下，最终走投无路，不得不满腹顾忌地掉头北上。这使得在所有参加长征的红军中，只有他率领的红四方面军不得不三过草地，付出了无法想象的伤亡代价。红四方面军九死一生过草地后，遇到的第一场硬仗是攻打岷县县城。红军在攻打岷县县城外围的二郎山和岷县县城的战斗中付出了巨大牺牲，但最终未能奏效。为保存实力，遂改强攻为佯攻，主力部队到西川

在会宁中国工农红军一二四方面军会师纪念塔前合影

一带进行休整。在北上的过程中，张国焘借口红一方面军派出接应的部队只有一个师太少，自己无法单独与胡宗南作战而改变北上计划，决定西渡黄河。他之所以“旧病复发”，擅自改变北上路线而西进，就是因为他违背中央决议执意南下、另立“中央”，给革命造成巨大损失而“做贼心虚”，既怕兵权遭到削弱，又怕被追究责任。然而北上会师、抗击日寇是大势所趋，任何人出于私利的算计和阻挡只能是“螳臂挡车”。1936 年 10 月 8 日，红四方面军先头部队与红一方面军接应部队终于在会宁附近的青江驿、界石铺会合。10 月 9 日，朱德、张国焘、徐向前、陈昌浩等到达会宁。10 月 10 日，红一方面军和红四方面军举行了会师庆祝大会，会宁小城欢声雷动、红旗蔽日！

113

长征殿后最艰险，前路无粮多伤员。
无情队友张国焘，凶残对手胡宗南。
草地茫茫多饿死，敌军重重孤无援。
终于抵达西吉县，将台堡前两军欢。

【注释】

在中央红军、红四方面军和红二方面军三大主力共同谱写完成的长征伟大史诗中，由贺龙、任弼时、萧克等领导的红二方面军出发时间最早、跋涉距离最长，是殿后的部队。在北上途中，由于前面经过的中央红军以及红四方面军在沿路反复筹集粮食，所以作为殿后部队的红二方面军不但很难再筹集到粮食，而且还一路收容前面掉队的伤病员。这就使得他们在过草地的时候粮食更缺、伤病员更多，以致更多的人饿死、冻死在草地上。在千难万险过了草地后，虽然红二方面军刚开始在甘南和陕北一带攻取了七八个县城，并一度计划在甘南一带开创根据地，但由于“队友”张国焘再次违背中央北上方针而企图西渡黄河，从而既拖延了北上时间，使胡宗南得以在北上途中从容部署强大兵力，也打破了红四、红二方面军相互策应、相互支援的格局，使得红二方面军不

在中国工农红军长征将台堡会师纪念碑前合影

得不与胡宗南部孤军奋战,造成了极大的伤亡。经历巨大伤亡、历尽千辛万苦后,1936 年 10 月 21 日,贺龙等红二方面军将领在平峰镇(今宁夏西吉县)与红一方面军左权、聂荣臻等将领会面。10 月 22 日,红二方面军到达会宁东北的将台堡,与红一方面军一师胜利会师。至此,红军三大主力全部集中在甘肃和宁夏交界处。

114

红军会师开新面，蒋公惊忙追西安。
会宁城头鏖战烈，黄河渡口争夺残。
西征路上孤军悲，陕甘高原黄土暗。
大捷立威山城堡，打仗统战两周全。

【注释】

1936 年 10 月下旬，红军三大主力在西北胜利会师，红军分散的兵力握成了拳头。一路围追堵截的蒋介石急忙飞往西安亲自指挥，并狂妄地宣称这是与红军“最后五分钟的决战”。蒋介石首先调集重兵、不惜血本地攻取会宁城、攻占黄河渡口，防止红军进占宁夏与苏联取得联系。中共中央为实施“宁夏战役计划”，已经西出靖远的红四方面军强渡黄河。但由于八倍于红军的强大敌人的疯狂进攻争夺，黄河渡口最终被敌人占领，红四方面军被分割在黄河东西两岸，最终第五军、第九军、第三十军以及红四方面军指挥部共计 21800 多人渡过了黄河。11 月 8 日，这 21800 多将士奉命组成西路军，承担起在河西开辟根据地，直接打通远方的任务。但这支孤军西征队伍的绝大多数——包括第五军军长董振堂、政治部主任杨克明，第九军军长孙玉清、政委陈海松等红军将领都悲壮牺牲。而未能渡河、留下来的红四方面军官兵与红一方面军、红

山城堡战役纪念碑

二方面军一起，在甘肃庆阳山城堡大败胡宗南部，歼灭其第七十八师。山城堡战役既是红军长征的最后一场战役，也是红军胜利会师后的立威之战。与此同时，中共中央一方面推动建立抗日民族统一战线，另一方面坚决消灭来犯之敌，走上团结全国各族人民抗日救国的新征程。

115

阅兵颂

神兵滚尘演大漠，醒狮添翼哮长天。
九十岁月洗铁血，一脉军魂铸赤胆。
旌旗招展骄阳炎，铁流铿锵利剑寒。
若有豺狼来侵犯，英雄霹雳捍河山！

【注释】

2017年7月30日，我们“访谒长征路”的队伍来到中国革命的转折地遵义，拜谒遵义红军烈士陵园，瞻仰遵义会议旧址。恰在这一天的上午9时，庆祝中国人民解放军建军90周年阅兵在朱日和训练基地举行，中共中央总书记、国家主席、中央军委主席习近平检阅部队并发表了重要讲话。

2017年7月30日朱日和训练基地阅兵画面

116

和毛泽东《七律·长征》
——访谒长征路

访谒长征不觉难，大道驱车若休闲。
千山巍峨翻碧浪，万水清澈少泥丸。
扶贫攻坚深山暖，禁牧育林夏风寒。
先烈苦难融霜雪，神州处处焕新颜。

【注释】

有谚曰："苦不苦，想想长征两万五。"80多年后的今天，我们驱车访谒长征路并不觉得难，因为当年中央红军走过的最偏远的地方，现在路通了、富裕了，到这些地方访谒跟旅游休闲基本没什么两样。特别是党的脱贫攻坚政策使深山充满了温暖，禁牧育林政策使得到处山清水秀，即使是盛夏，也能感到从植被茂密的山上吹来的阵阵凉风。当年先烈们用自己的苦难和牺牲，驱散了华夏大地上的饥寒和压迫，如今到处人民安居乐业，过着幸福的小康生活。

117

满江红·长征

大兵压境,围剿狠,漫漫烽烟。
新头领,刚愎伐异,硬拼蛮干。
苏区基业丧敌手,红军碧血染故园。
只落得,收拾旧坛罐,急逃转。

敌有隙,各盘算。密谈判,破锁线。
怎奈何,行军蜗牛迟缓!
终陷重围鏖战烈,尸堰湘江损过半。
幸毛谏,通道大转兵,翻新篇。

在通道转兵会议会址前合影

118

沁园春·长征

终纳善谏，通道转兵，挥师夜郎。
开遵义会议，挽救危亡。雄关漫道，毛公领航。
四渡赤水，飞夺泸定，雪山草地任我闯。
反南下，擎抗日大旗，胜利北上！

长征如此艰伟，盖古今中外世无双。
叹蒋贼追杀，可耻失败；张氏分裂，可悲收场；
蹩脚搭档，博古李德，错误路线酿巨殇。
然真金，经万般淬验，大放光芒。

【注释】

1. 夜郎：指古夜郎国，即现在的遵义桐梓一带。
2. 毛公：指毛泽东。

中央红军长征胜利纪念碑

119

过北盘江大桥

白云款款恋群山，
无边苍翠醉心田。
长征旧踪今安在？
高路穿山出云端。

【注释】

诗的大意是：贵州北盘江大桥一带，青山苍翠，白云款款，风景无比秀美。当年深沟大山里红军长征走过的小路，已经不好寻觅。只见一条条高速公路，宛如蛟龙在轻云薄雾里跨谷穿山、延伸远去。

贵州北盘江大桥

120

访皎平渡口随感

公路悬绕万仞山，乘车迂回胆发寒。
江流汹涌深谷底，毛公悠卧群峰颠。
昔日小船渡国运，今朝大桥跨滇川。
人间正道大江去，围追堵截皆枉然。

【注释】

诗的大意是：驱车前往金沙江皎平渡口的路，在险峻陡峭的大山里从山顶向山谷盘绕而下，使人不敢向车窗外看。汹涌的金沙江在深谷里澎湃轰鸣、奔涌而去。远望群山之巅，竟然有一组山峰造型酷似毛泽东悠然仰卧，与这山河同在——不由让人惊叹大自然的鬼斧神工。遥想当年，毛泽东领导的中央红军肩负着民族命运，在这里仅用 7 条小船顺利渡过金沙江，摆脱了国民党大军的围追堵截。而今天，一座座现代化大桥横跨云南、四川两省，艰险传奇的过江历史一去不返，给人一种沧海桑田的感觉，让人不由深思：蒋介石国民党军的围追堵截最后归于失败，乃至其政权最后彻底失败，从根本上说，就是中国共产党领导人民群众所走的人间正道，恰似这大江东去，任何势力都无法阻挡。

121

过梦笔雪山

苍山湛天搭舞台，
白云妖娆万千态。
梦笔山顶烈士墓，
守望仙境迎君来。

【注释】

2018年7月26日，我们访谒中央红军长征经过的大雪山之一——梦笔山。梦笔山垭口海拔4114米，站在此地环望四周，苍翠的群山和湛蓝的天空好像联手搭建起广阔无边的舞台，让姿态万千的白云轻盈跳舞、尽情演出。而山顶烈士墓里当年牺牲的红军战士，好像这仙境的守护者，迎接一批又一批慕名而来的访谒者。

在梦笔山垭口合影

122

到陇西

登上仁寿山，陇西一眼览。
鼓楼显底蕴，渭水映荣繁。
小吃悦口胃，歌舞动城寰。
乡亲最好客，人人绽笑脸！

【注释】

仁寿山：指甘肃陇西城西南名山。陇西：指甘肃陇西县城。渭水：指穿陇西县城而过的渭河。1935 年 9 月，由中国工农红军第一方面军、中共中央和中央军委直属机关改编的“中国工农红军陕甘支队”，顺利通过了国民党苦心经营的渭河封锁线，跨越陇西东境，胜利进军陕北。1936 年 8 月 21 日，由徐向前率领的中国工农红军第四方面军三十军、九军主力及三十一军由漳县向陇西挺进。

在陇西与中共陇右工委同志合影